Hākim Büyük Āmir
Suha Umur K ∴ e
en derin saygı ve
sevgilerimle
29.1.2003
Y. Altuğ

KÜRESEL ADALET ARAŞTIRMALARI
GÜNEYASYA ÇALIŞMALARI DİZİSİ
1

Başlangıçtan Günümüze

KEŞMİR MESELESİ

Prof. Dr.
Yılmaz ALTUĞ

İRFAN YAYINEVİ

İrfan Yayımcılık No.:113

Birinci Baskı Eylül 2002

Baskı ve Cilt:
Kilim Matbaası

ISBN 975-371-104-2

İrfan Yayımcılık ve Tanıtım Limited Şirketi
Klodfarer ad. Sümer Ap. No: 40/7
34400 Divanyolu İstanbul
Tel: (212) 518 38 66 - 516 32 54

İçindekiler

Keşmir Istırabı

Bir An Evvel Bitmelidir

20. Yüzyıl içerisinde meydana gelen olaylar, ondan evvelki yüzyılların yekûnundan daha önemlidir. 20. Yüzyıl büyük savaşlara sahne olmuştur. Bu savaşlar neticesinde büyük imparatorluklar tarihten silinmiştir. Tarihte, hüküm ferman eylemiş, hüküm sürmüş imparatorlukların içinden, birçok devletler çıkmıştır. Müstemlekecilik hemen hemen son bulmuştur.

Birinci Dünya Savaşı sonrasında Avusturya-Macaristan, Almanya ve Osmanlı İmparatorlukları tasfiye olmuştu.

İkinci Dünya Savaşı sonrasında, İngiliz İmparatorluğu ve Fransız İmparatorluğu tasfiye olmuştur. Bu tasfiyelerin her birisi gerisinde birçok sorunlar bırakmıştır. Bu sorunların bir kısmı zaman içerisinde çözüme kavuşmuştur. Bir kısmında sorunlar uzunca süre devam etmişti ve etmektedir.

Keşmir ihtilâfı da mesafe alınamayan olaylardan biridir. Hindistan ve Pakistan devletleri 1947 yılında bağımsızlığına kavuşmuş, yeni devlet olmuşlar ve onlardan da daha sonra Bangladeş Devleti çıkmış ve Hindistan'la Pakistan arasında bir Keşmir olayı geriye kalmıştır.

Keşmir ihtilâfında barışçı yollardan bir yere varılamaması her iki ülkeyi silâhlanmaya götürmüştür. Her iki ülke de, konvansiyonel silâhların yanında bütün güçlerini nükleer silâhlara vermişlerdir.

Bu ülkelerden birisi, Pakistan, bizim kardeşimizdir. Biz,

geçmişte bütün meselelerinde Pakistan'a destek olduk. Pakistan da bizim bütün meselelerimizde, bize destek oldu. Diğer ülke Hindistan da büyük bir ülkedir ve o da dostumuzdur.

Pakistan, hâdisenin barışçı yollarla çözümü hususunda önemli adımlar atmıştır. Hindistan, zaman zaman bu adımlara cevap verir tavırlar takınmıştır. Buna rağmen önemli bir netice elde edilememiştir.

Dünyanın bu bölgesindeki bu hâdise, dünya barışı için çok önemli bir tehdit unsuru olarak orta yerde durmaktadır.

Türkiye, oradaki kardeşlerimizin karşılaştığı zorluklar ve başlarına gelen olaylardan dolayı, fevkalâde mustariptir, onların ıstıraplarını aynen hissetmekte ve bundan dolayı da bir an evvel bu olayın çözülmesini istemektedir.

Yapılacak şey; Pakistan, Hindistan ve Keşmir halkının mutabık kalacağı bir çözümün, diyalog vasıtasıyla ve barışçı yollardan bulunmasıdır. Bu teşvik edilmeli ve herkes buna yardımcı olmalıdır.

Bu yapılıncaya kadar da iki ülke arasındaki münasebetlerin bunun zeminini hazırlamak bakımından iyileştirilmesi gerekir. Hindistan ile Pakistan'ın arasındaki başka alanlardaki münasebetler iyileştirilirse, bu istikamette daha çok imkânlar çıkacaktır.

Buradaki ıstırabın bir an evvel bitmesini ve her iki ülkenin de kaynaklarını, halkının refahına, mutluluğuna ve kalkınmasına sarfedilebilmelerini temenni ediyorum.

Keşmir ihtilâfını dünüyle ve bugünüyle ele alan bu değerli eserin, kamuoyunun ilgisini bu meseleye çekerek, barışçı bir çözüme katkı sağlayacağına inanıyor, Sayın Prof. Dr. Yılmaz Altuğ'u ve emeği geçenleri tebrik ediyorum.

Coğrafî Konumu ve Tarihi

Hint yarımadasında Himalayalar'ın güneybatı eteklerinde yer alan Keşmir bölgesinin kuzeyde Türkistan (Uygur Özerk bölgesi) ve Afganistan, batı ve güneybatısında Pakistan, güneydoğusunda Hindistan ve kuzeydoğusunda da Tibet ile sınırı vardır (Eskiden S.S.C.B. ile olan 20 kilometrelik en küçük sınırı şimdi Tacikistan'ladır). Keşmir vadisi kuzeybatıdan güneybatıya doğru 135 km. uzunluğunda, kuzeydoğudan güneydoğuya doğruda 32-40 km. genişliğinde olup Keşmir'in başka devletlerin işgali altındaki bölümleriyle birlikte toplam yüzölçümü 100.569 km^2, nüfusu da 10 milyon civarındadır (2000 tah). Dünyanın ikinci yüksek tepesi olan K2 (Godwin Austen doruğu) bu bölgede yer alır. Keşmir dünyada bağımsız 184 devletin 87'sinden yüzölçümü bakımından daha büyük olup 114'ünden de daha kalabalık bir nüfusa sahiptir. Keşmir kuzeyde Baldistan, güneyde Cammû, doğuda Ladak ve batıda Gilgit eyaletlerine ayrılır. Buradan çıkan İndus, Celum ve Çenab gibi büyük ırmaklar Pakistan'a doğru akar. Başkent Srinagar 1768 m. yükseklikte kurulmuş olup medrese, cami ve türbeleriyle ünlüdür. Diğer önemli yerleşim bölgesi olan Cammû vadinin güneyinde yer alır. Denizden 1500-1800 m. yüksek olan Keşmir vadisinin verimli topraklarında pirinç, buğday, mısır ve arpa gibi tarım ürünleri yetiştirilir. Meyvecilik, hayvancılık ve ipek böcekçiliğinin yapıldığı bölgede yer altından bakır, demir, çinko ve mermer madenleri çıkarılır. Keşmir coğrafî ve tabii güzellikler bakımından da dünyanın en güzel yerlerinden biridir.

Keşmir hakkındaki en eski bilgileri ihtiva eden eser, Kalhana'nın XII. yüzyılda yazdığı vekayi´nâmesidir ve Stein tarafından tercüme edilerek ilâvelerle birlikte yayımlanmıştır. Ayrıca Çinli seyyah Hüen-Tsang'in seyahatnâmesi, Bîrûnî'nin *Tahkîku mâ li'l-Hind*, Ebü'l-Fazl el-Allâmî'nin *Â'în-i Ekberî* ve Cihangir'in *Tüzük-i Cihângîrî* adlı eserleri sayılabilir.

Keşmir İskender, Gazneli Mahmud, Cengiz Han ve Timur tarafından ele geçirilememiştir. Hindu racaların yanına ücretli asker olarak giren müslüman Türkler'den Şah Mîr Svâti kabiliyetleri sayesinde kısa zamanda yükselerek Hindû raca Sinha Deva'ya vezir oldu. Deva'nın ölümünden sonra Keşmir tahtını ele geçirerek bölgeye hâkim oldu ve Keşmir Sultanlığı'nı kurdu. Şah Mîr Svâti'nin neslinden gelen sultanlar 1339-1589 yılları arasında sultanlığı yöneterek bölgenin İslâmlaşmasını sağladılar. Bâbürlüler'den Ekber Şah 1589'da bölgeye hâkim olarak Keşmir Sultanlığı'na son verdi. 1739'da Nâdir Şah'ın Afganistan Krallığı'na ilhak ettiği Keşmir'i 1819'da Sihlerin mihracesi Ranjit Singh ele geçirdi. Singh sülâlesi İngilizler'in vesâyeti altında 1947 yılına kadar ülkeyi idare etti.

Hindistan'ın Bölünmesi

ve

Keşmir Meselesinin Ortaya Çıkışı

Cammû ve Keşmir sömürge döneminde İngiltere İmparatorluğu ile özel iç otonomi anlaşmaları yapmış 562 racalık-prenslikten biri idi. Bunun neticesinde Cammû ve Keşmir mihracesi Keşmir bölgesini 1846'da İngiliz East India Company'den para karşılığı satın almıştır. Bir "mal" gibi satılmak Keşmirliler'i tahrik etmiş, böylece "Keşmir Aslanı" ünvanlı Şeyh Abdullah'ın önderliği sayesinde 1931'den itibaren hürriyet hareketi başlamıştır. 1946'da bu hareket mihraceye karşı "Keşmir'i terket" kampanyasına dönüştü. Halk ile mihracenin kuvvetleri arasında ilk silâhlı çatışma 1947 Ağustosunda oldu. 24 Ekim 1946'da Batı Keşmir'de Âzâd (Hür) Keşmir hükümeti kuruldu. Bu tarihte yarımadadaki imparatorluğunu tasfiye için İngiltere, Hindûlar'ı temsil eden Kongre Partisi ve Müslümanları temsil eden Müslümanlar Birliği arasında üçlü bir anlaşma yapıldı. Hindistan iki ülkeye bölünerek İngiltere 1947'de çekilince prenslere ve racalara Hindistan veya Pakistan'dan birine iltihak etmeleri önerildi. Pakistan'la daha uzun sınırı olan Keşmir ya Pakistan'a bağlanabilir veya bağımsızlığı seçebilirdi. Çoğunluk müslüman olmasına rağmen, Keşmir mihracesi Pakistan'la birleşmeyi ve bağımsız olmayı reddetti. Bunun üzerine halk ayaklandı. 25 Ekim 1947'de mihrace başkent Srinagar'dan kaçtı. Hindistan'dan isyanı bastırmak için Hindistan ordusunu yollamasını istedi. Hindistan silâhlı müdahale için bir şart ileri sürdü ve mihracenin Hindistan'a bağlanma belgesini imzalamasını istedi. Hindistan bu belgenin imzalanmasını beklemeden hava yolu ile ordusunu Keşmir'e gönderdi. Bu bağlılık belgesi bugün yoktur. Bir sahtesinin ortada dolaştığı iddia edilmektedir. Böylece mihrace 1846'da dedesinin satın aldığı bir toprağı 1947 yılında bir mal olarak Hindistan'a veriyordu.

Hindistan Bağımsızlık Yasası 18 Temmuz 1947 tarihlidir. Hindistan bir türlü Pakistan'ın kurulmasını istemiyordu diyen Zülfikâr Ali Bhutto'nun değerlendirmesi şöyleydi: "Keşmir'i elinde tutmakla Hindistan Batı Pakistan'ın (şimdiki Pakistan) ekonomisini felce uğratmak ve askerî bakımdan ülkeye egemen olmak istiyor. Hindistan Cammû ve Keşmir'i elinde tutuyor. Zira Sovyetler Birliği (şimdi Rusya Federasyonu) Orta Asya Cumhuriyetleri ve Çin ile ortak sınırlar sahibi olarak stratejik önemini arttırmak ve bu sınırlarından Pakistan'ı mahrum etmek istiyor. Bu devleti (Cammû ve Keşmir'i) her türlü diplomatik ahlâk kaidelerine rağmen elinde tutmak istiyor ve Pakistan'ın esas temeli olan iki millet teorisini reddetmek istiyor. Eğer Hindistan'da bir müslüman çoğunluk bölgesi kalırsa Pakistan'ın mevcudiyet sebebi yok olur. Bu sebeplerle Hindistan, Cammû ve Keşmir'i elinde tutuyor, milletlerarası kanaate karşı çıkıyor ve verdiği sözleri tutmuyor".[1]

14 Haziran'da Krishna Menon Mountbatten'a gizli bir mektup yollamış ve sonunda, "Bu mektubu muhafaza etmeyiniz" demişti: "Eğer Keşmir şu veya bu sebeple Pakistan'ı seçerse iş kötüleşir. Bu konuda İngiliz politikasının ne olduğunu bilmiyorum, eğer bunu İngilter'e tasvip ediyorsa bu korkunçtur. Büyük bir hesaplama hatasıdır. Hindistan'ın durumu daha küskün olacaktır".[2]

Kongre Partisi lideri Nehru'nun dostu olan Krishna Menon Hindistan'daki hürriyet hareketi sırasında Lord Mountbatten'in İngiliz hükümetince kral naibi, genel vali olarak tayinini sağlamıştı. Menon ile İngiltere Maliye Bakanı Sir Stafford Cripps de iyi dost idiler. 1946 yılı Aralık ayında Londra'da gizli bir konuşmada Menon maliye bakanından başbakanı Attlee'ye Lord Mountbatten'in Hindistan kralı naibi, genel vali olarak tayinini istemesini rica etmiş, Sir Stafford da bunu yapmıştı. Lordun bundan haberi yoktu. Menon Cripps ile sohbetinin tafsilâtını Şubat 1973'te ölümünden bir yıl önce Yeni Delhi'de *Freedom at Midnight* kitabının yazarları Larry Collins ile Dominique Lapierre'e anlatmıştı.

Kongre Partisi ileri gelen liderleri Mahatma Gandhi, Pandit Nehru ve Serdar Patel Keşmir'in her ne pahasına olursa olsun Pakistan'a iltihak etmesini istemiyorlardı. Bu bakımdan Lord Mountbatten'in 8-23 Haziran 1947 tarihleri arasında Keşmir'i ziyaretini sağladılar. Srinagar'a hareketinden önce 17 Haziran'da Nehru Mountbatten'a bir not göndererek Keşmir'in

Hindistan için stratejik önemini anlattı. Mountbatten'in bu tâlimata tamamen uyduğu siyasî danışmanın ifadesinden anlaşılmaktadır.

Mountbatten Haziran 1947'de Keşmir'e yaptığı ziyarette bölgeyi sükûnete kavuşturacak şu teklifte bulunmuştu:

"Racaya şu nasihati verdim: Bu senenin 14 Ağustosuna kadar halkın kanaat ve tercihine uyarak ister Hindistan, ister Pakistan'la birleşin. Hindistan yarımadası Hindistan ve Pakistan diye taksim edilinceye kadar racanın karar vermemiş olması bugünkü anlaşmazlığın mühim bir sebebidir. Keşmir 14 Ağustos'a kadar Pakistan'la birleşseydi Hint hükümetinin bu harekete mani olmayacağına dair bizzat bu hükümet temsilcilerinden garanti almıştım. Eğer raca Hindistan'la birleşmeyi daha uygun görüp bu şekilde hareket etseydi o zamanlar Pakistan mevcut olmadığına göre Pakistan'ın muhalefeti bahis konusu dahi olamazdı. Antlaşmazlık ancak Keşmir'in iki taraftan biriyle birleşmemesinden doğabilirdi. Maalesef mihrace de bu en tehlikeli yolu seçmiştir."[3]

Siyasî danışmanı Sir Conard Corfield, "Keşmir'i ziyaret ettiğinde tatbikata aykırı olarak siyasî müşaviri olan beni refakatine davet etmedi. Keşmir hakkında ne söyledimse fayda etmedi, çünkü Nehru, Keşmir'in Hindistan'a iltihakını sağlamaya kararlıydı" demektedir.[4] Keşmir'den döndükten sonra Mountbatten, mihraceye baskı yapmaya devam etti ve onu Kongre Partisi liderleri Gandi veya Nehru'yu kabule zorladı.[5]

Lord Mountbatten Keşmir mihracesi Hintli Sir Hari Singh'in Hindistan'a bağlanmakta tereddüt ettiğini gördüğünden oraya bizzat giderek mihrace ile görüştü ve ona mektuplar yazarak baskıya devam etti. Nitekim 27 Haziran 1947 tarihli mihraceye yazdığı mektupta "Nehru çok üzgün ve hemen Keşmir'e gelmeye kalktı. Zannederim gecikmeksizin Nehru'nun veya Gandi'nin ziyaretini bekleyebilirsiniz. Size hatırlatmaya ihtiyacı yok, bu iki zatın sizi ziyaret etmek üzere gelmesini önleyebilecek kudrete sahip değilim. Samimi olarak ümit ederim ki onlardan birinin ziyaretini kabul ederseniz meseleyi halledebilirsiniz. Eminim ki siz ve sizin başbakanınız durum hakkındaki büyük bilginiz ve dirayetinizle bu işin üstesinden gelebilirsiniz."[6]

Keşmir'i Pakistan'dan koparmak için Mountbatten ile Kongre Partisi arasındaki gizli komplo bir yandan mihracenin menfaatlerini korumak, diğer yandan müslüman çoğunluğun menfaatlerini yok etmek, Pakistan'ın savunmasını zayıflatmak, ekonomisini boğmak. Keşmir'den gelen nehirlere bağlı olan ziraatını yıkmak gayelerini güdüyordu. Buna karşı Srinagar'da 19 Temmuz 1947'de toplanan Tüm Cammû ve Keşmir Müslüman Konferansı oy birliğiyle mihraceden Pakistan'a ilhak kararı vermesini istedi. Karar şöyle idi: "Durumu dikkatle inceledikten sonra Pakistan'ın bölge ile coğrafî, ekonomik, lisan, kültür ve dinî bağlantıları vardır. Ayrıca Pakistan'ın bütün büyük nehirlerinin kaynakları Keşmir içindedir. Keşmir halkı Pakistan halkı ile kuvvetli bir şekilde dinî, kültürel ve ekonomik bakımlardan bağlıdır. Bu bakımlardan Keşmir'in

Pakistan'a ilhakının mutlaka gerekli olduğu kanaatine varmışlardır."[7] Karar şöyle devam ediyordu: "Eğer Keşmir hükümeti Müslüman Konferansı'nın taleplerini kabul etmezse veya herhangi bir dâhilî ve hâricî baskı sebebiyle önerilen tavsiyeye göre hareket etmezse ve onun yerine Keşmir'i Hindistan Kurucu Meclisi'ne iltihak ettirirse Keşmir halkı tek kişi gibi böyle bir karara karşı çıkacak ve emrindeki bütün gücüyle mücadeleye atılacaktır." Müslüman Konferansı sadece Cammû ve Keşmir'in birinci siyasî teşkilâtı olmakla kalmıyordu, devlet yasama meclisindeki yirmi bir müslüman milletvekilinin on altısı oraya mensuptu. Ayrıca iki laik parti de kararlar alarak Cammû ve Keşmir'in Pakistan'a bağlanmasını istediler (Ali-Jammu ve Keşmir Kisan Mazdoor Konferansı 5 Eylül 1947'de, Keşmir Sosyalist Partisi de 18 Eylül 1947'de bu kararları aldılar). Mihrace, Gandhi'nin Ağustos 1947'nin ilk haftası Keşmir'e gelmesine razı oldu. Mountbatten Hindistan'la Keşmir arasında kara bağlantısı olmadığından Pencap Sınır Komisyonu başkanı Sir Radcliff'ten bir oyunla bunu kopardı. Radcliff aynı zamanda Bengal Sınır Komisyonu'nun da başkanıydı . Radcliff önce Pakistan'a verilmiş olan Gurdâspûr, Zira ve Fîrûzpûr kasabalarından Gurdâspûr'u Hindistan'a verdi. Bu surette Hindistan'ın Keşmir'le kara bağlantısı oluyordu.[8]

Keşmir konusunda bir otorite olan Sir Frederic Bennett *Kashmir Today* adlı eserinde bu dönemle ilgili şu bilgileri vermektedir. "Hindistan'da kral nâibi olan Lord Mountbatten 1947 yılındaki bölünmeden sadece iki ay önce Keşmir'i ziyaret edebilme fırsatını bulabilmişti. Bu ziyaret sırasında mihraceye, Hindistan'a katılırsa kendisinin tam desteğini ve himayesini alabileceği hususunda teminat verdi. Kral nâibinin desteğiyle Hintli liderler haksız ve daha sonra ortaya çıkacağı üzere hileli bir şekilde Keşmir'in Hindistan'a bağlanmasını sağladılar."

Hindistan Genel Valisi Lord Mountbatten 26 Ekim 1947'de İngiliz Başbakanı Mr. Climent Attlee'ye bir kopyası Pakistan başbakanına gönderilen şu telgrafı yolladı: "Bu olağanüstü halde Keşmir'e yardım hiçbir şekilde devleti (Keşmir'i) Hindistan'a iltihakına tesir etmek maksadını taşımamaktadır. Hindistan tartışmalı her toprak veya devletin iltihakını halkın arzusuna göre kararlaştırılmalıdır" görüşünü kabul etmiştir.[9] Bu suretle Nehru da racanın imzaladığı iltihak belgesinin geçici olduğunu beyan etmiştir.

Nehru 2 Kasım 1947'de, "Keşmir'in kaderinin sonunda halk tarafından kararlaştırılacağını ilân ettik, bundan dönemeyiz" dedikten sonra 3 Kasım'da da, "Hükümetimizin politikasını açıkladım ve irademizi Keşmir'e zorla yüklemek arzusunda değiliz, fakat nihaî kararı Keşmir halkına bırakalım" demiştir.[10]

Hindistan çoğunluğu Hindû fakat hükümdarları müslüman olan Haydarâbâd ve Cûnâgerh devletlerinde müslüman hükümdarların dedikleri olur ve mihracelerle halkın istekleri arasında anlaşmazlık çıkarsa halkın istekleri göz önüne alınır kuralını koydurdu. Burada gözden kaçmaması gereken şey Hindistan'ın mihracenin Pakistan'la

Hindistan'dan birini seçmesini halkın iradesine uygun olması şartına bağladığı halde buna uymamasıdır. 1947 Ekimi ile Aralık arasında Hindistan'ın silâhlı müdahalesine Âzâd Keşmir kuvvetleri direndiler. Bunun üzerine mesele 1948 Ocak ayında Birleşmiş Milletler Güvenlik Konseyi'ne getirildi.

Keşmir Meselesinin Tarihsel Gelişimi: 1948 -1965

Keşmir'deki olaylar sırasında direnişçilere Pakistanlı gönüllüler de katılmıştı. Hindistan bu "silâhlı saldırgan" Pakistanlılar'ın geri çekilmelerini istedi ve bunlar geri çekilirse Keşmir'in kaderi için halk oylaması yapabileceğini ileri sürdü. Pakistan ise Hindistan'ın mihraceyi kandırdığını ve Keşmir'in "hile ve şiddet" yolu ile Hindistan'a bağlamak istediğini bildirerek halk oylamasını kabul etti.

Birleşmiş Milletler Güvenlik Konseyi Keşmir konusunda ilk kararını 17 Ocak 1948'de aldı. Bu kararda Hindistan ve Pakistan hükümetlerinin her ikisi de hâlihazırdaki durumu düzeltmek için ellerinden gelen her şeyi yapmaya ve durumun kötüleşmesine sebebiyet vermemeye davet edilmişlerdi.[11] Bu karardan sonra Güvenlik Konseyi Hindistan ve Pakistan'ın karşılıklı şikâyetlerini birlikte inceledi. Belçika delegesinin önerdiği, İngiltere, Kanada, Fransa, Suriye, Çin ve Kolombiya delegelerinin destekledikleri 20 Ocak 1948 tarihli kararını aldı.

Bu kararda iki önemli husus vardı. Birincisi Birleşmiş Milletler üyelerinden oluşucak üç üyeli bir Güvenlik Konseyi

Komisyonu kurulucaktı. Üyelerden birini Hindistan, diğerini Pakistan seçecek, bu iki üye de üçüncü üyeyi belirleyeceklerdi. Güvenlik Konseyi gündeminde yer alan "Cammû ve Keşmir meselesi" tabirini de "Hindistan - Pakistan meselesi"ne dönüştürdü. [12]

Keşmir anlaşmazlığı Güvenlik Konseyi'nde tartışılırken Pandit Nehru 5 Mart 1948'de Kurucu Meclis'te, "Tek taraflı bir beyanla Keşmir halkının isteğine uyacağımızı beyan ettik. Bir halk oylaması veya referandumla açıklanacak Keşmir hükümetinin derhal halk için bir hükümet olmasında ısrar ettik. Bütün süre boyunca bu duruma bağlı kaldık ve bir halk oylamasına dürüst oy verme için her türlü konuma ve Keşmir halkının kararına uymaya hazırlandık" demişti. [13]

Pakistan halk oylamasının Birleşmiş Milletler'in himayesi altında halk oylamasından önce ve sonra tarafsız bir Keşmir koalisyon hükümeti ile yapılmasını istiyordu. Hindistan ise halk oylamasının gerçekleştirilmesinin Şeyh Abdullah başkanlığındaki Keşmir hükümetinin bir iç meselesi olduğunu ileri sürüyordu. Hindistan'a iltihak belgesini veren mihrace, Şeyh Abdullah'ın yönetiminden memnun değildi. Mihrace Sardar Pattel'e gönderdiği mektubunda Şeyh Abdullah yönetiminin Hindûlar'ın Sihler'in, hatta müslümanların geniş bir bölümünün itimadını haiz olmadığını yazıyordu: "Millî Konferans liderlerinden memnun değilim, bunlar şu anda çok yetenekli yöneticiler değildir veya Hindû ve Sihler'in, hatta müslümanların geniş bir bölümünün itimadını haiz değildir."[14]

Birleşmiş Milletler Güvenlik Konseyi Ocak 1948'den Nisan 1948'e kadar özellikle bu meseleyi inceledi ve savaşta sorumluluğun hangi tarafa ait olduğunun tesbitinin imkânsız olduğuna ve herhangi bir tarafı suçlamanın beyhude olacağına karar verdi. Her iki taraf da halk oylamasına razı olduğuna göre Birleşmiş Milletler 21 Nisan tarihli kararda bir ateşkes ilân edilmesi, devlet dışındaki bütün kuvvetlerin geri çekilmeleri ve bir halk oylaması yapılmasını istedi. Halk oylaması bir yöneticinin idaresinde yapılacak ve yöneticiyi Birleşmiş Milletler Genel sekreteri seçecekti.

Güvenlik Konseyi 21 Nisan 1948 tarihli kararında, 20 Ocak 1948 tarihli kararına göre üç üyesi olacak komisyon üye sayısını beşe çıkarttı. Aynı kararda, "Güvenlik Konseyi memnuniyetle Hindistan ve Pakistan'ın Cammû ve Keşmir'in Hindistan veya Pakistan'a bağlanması meselesinin bir serbest ve tarafsız halk oylaması demokratik metodu ile kararlaştırılmasını arzu ettiklerini memnunlukla not ettikten, ihtilâfın devamının milletlerarası barış ve güvenliği tehlikeye düşürmesinin muhtemel olduğunu tesbit ettikten sonra konseyin 17 Ocak tarihli kararını teyit eder"[15] denilmiştir.

Arjantin, Belçika, Kolombiya, Çekoslovakya ve Amerika Birleşik Devletleri temsilcilerinden müteşekkil komisyon Haziran 1948'de Cenova'da ilk toplantısını yaptı. Keşmir'de ateşkesin uygulamaya girmesi için iki tarafla da istişarelerde bulundu. Komisyon 13 Ağustos'ta Hindistan ve Pakistan'ı silâhlı çatışmaya nihayet vermeye, bir mütareke yapmaya ve serbest halk oylamasını kabule davet etti, fakat iki taraf da ateşkesi kabul etmedi. Birleşmiş Milletler Komisyonu'nun faaliyetlerini özetleyen ilk rapor 9 Kasım 1948'de yayımlandı.[16]

Daha sonra Birleşmiş Milletler Komisyonu (UNCIP) her iki tarafla yakın ve devamlı çalıştı, 13 Ağustos 1948 ve 5 Ocak 1949 tarihli iki kararın hazırlanmasını sağladı. Hindistan ve Pakistan komisyon önerilerini resmen kabul ettiklerinden bu milletlerarası bir anlaşma olarak bağlayıcı oldu. Ateşkes derhal uygulandı. Amerikalı amiral Chester Nimitz halk oylaması yöneticisi seçildi. Fakat Hindistan her iki taraf kuvvetlerinin dengeli bir şekilde çekilmeleri teklifini kabul etmedi. Bunun üzerine Amerika Başkanı Truman ve İngiltere Başbakanı Attlee'nin halk oylaması yöneticisinin işi bir hakeme vermesi önerisini Hindistan reddetti.[17]

Keşmir'de ateşkes 1 Ocak 1949'da yürürlüğe girdi. 15 Nisan'da Birleşmiş Milletler Komisyonu barış teklifinde bulundu. Teklif Pakistan ve Hindistan tarafından kabul edilmedi. Komisyon, Aralık 1949'da Güvenlik Konseyi'ne başarısız kaldığını bildirdi. Ocak 1950'de Bengal'in iki kısmında da karışıklıklar çıktı. Bunun üzerine 2-8 Nisan tarihleri arasında Delhi'de zirve toplantısı yapan Hindistan ve Pakistan liderleri Nehru ve Liyâkat Ali Han, Bengal'de sükûneti tesis edecek bir anlaşma yaptılar.

Pakistan Dışişleri Bakanı Sir Muhammed Zaferullah Han 8 Şubat 1950'de Güvenlik Konseyin'de söz alarak Keşmir'in Pakistan için taşıdığı önemi şöyle anlatmıştı: "Hindistan, Keşmir'in kendisine iltihakını icap ettirecek bir zaruret veya mecburiyet altında değildir. Hindistan sadece şansını deniyor. Eğer bu oyunda muvaffak olursa, Pakistan'ı ezip parçalayabilir ve zaten bu oyuna girişmekteki gayesi budur. Hindistan, ihtiyaçları bakımından hiçbir suretle Keşmir'e muhtaç değildir. Keşmir, Hint ekonomisine hiçbir şey kazandırmaz. Buna mukabil, bu, Pakistan için hayatî bir meseledir. Keşmir Hindistan'a ilhak olunduğu takdirde Pakistan da aynı şekilde, ya Hindistan'ın hâkimiyetinde onun peyki haline gelmeye veya istiklâlini tamemen kaybederek ortadan yok olmaya mahkumdur. İşte iki tarafın da durumu budur, düşünceleri ve gayeleri bunlardır."[18]

Nehru ile Liyâkat Ali Han, 20-24 Temmuz'da Delhi'de Nisanda Birleşmiş Milletler Keşmir arabuluculuğuna atanan Sir Owen Dixon'la birlikte toplandılar. Sir Owen'in Keşmir'in bölünmesi teklifini taraflar reddetti. Bunun üzerine Sir Owen, 22 Ağustos'ta görevinden istifa etti. 30 Mart 1951'de Güvenlik Konseyi, Frank Porter Graham'ı yeni ara bulucu tayin etti. 1953 yazında bir çözüme yaklaşılır gibi oldu. Fakat sonunda Graham da ara buluculuktan ayrıldı. Amerika Birleşik Devletleri ile Pakistan arasında 19 Mayıs 1954'te bir antlaşma imzalandı. Hindistan buna itiraz etti ve Birleşmiş Milletler'in Keşmir'e gözlemci yollamasını kabul etmediğini bildirdi. Kasım 1956'da Keşmir'in Hindistan'a bağlanması yolunda tedbirler alınması üzerine Pakistan, Güvenlik Konseyi'ni toplantıya çağırdı.

Kasım-Aralık 1956'da Chou En Lai'nin Hindistan'ı ziyareti Çin'in ara bulucuk yapacağı yolunda söylentilere yol açtı.

Birleşmiş Milletler Komisyonu Hindistan ve Pakistan hükümetleriyle uzun süren müzakereler ve her iki taraftan Keşmirli liderlerle görüştükten sonra 5 Ocak 1949'da Hindistan ve Pakistan hükümetlerince kabul edilen ve Keşmirliler'e şu garantiyi veren iki temel kararı kabul etti: "Cammû ve Keşmir Devleti'nin Hindistan veya Pakistan'a bağlanması, halk tarafından Birleşmiş Milletler himayesi altında yönetilecek bir serbest ve tarafsız halk oylaması demokratik metodu ile kararlaştırılacaktır."[19]

5 Ocak 1949 tarihli karar, daha önce 23 Aralık 1948'de Hindistan hükümeti ve 25 Aralık 1948'de Pakistan hükümeti tarafından kabul edilmişti. Komisyon, 7 Ocak 1949'da Hindistan ve Pakistan hükümetlerinin 1 Ocak 1949 gece yarısından itibaren kuvvetlerine ateşkes emri verdiklerini açıkladı. Bundan sonra komisyon, Hindistan ve Pakistan tarafından kabul edilmiş ve her iki devlet arasında milletlerarası bir anlaşma meydana getirmiş olan kendi kararlarını uygulamak için bütün gayretini sarfetti. Ancak komisyonun halk oylamasını uygulamak için bir hazırlık tedbiri olan askersizleştirmeyi Hindistan reddetti. Birleşmiş Milletler Komisyonu'nun kararlarını uygulayamaması üzerine konu tekrar Güvenlik Konseyi'ne getirildi. Güvenlik Konseyi Kanadalı general A. G. L. McNaughton'dan 17 Aralık 1949'da Pakistan ve Hindistan tarafından karşılıklı olarak kabul edilebilecek öneriler hazırlamasını istedi. Güvenlik Konseyi'nin kararına göre General McNaughton önerileri hazırladı ve 22 Aralık 1949 tarihinde Hindistan ve Pakistan

temsilcilerine verdi. McNaughton'un başlıca önerileri Cammû ve Keşmir Devleti'nin askersizleştirilmesi idi. Bu önerileri Pakistan kabul etti, Hindistan ise reddetti.[20] Hindistan bu tutumu ve Birleşmiş Milletler Komisyonu'nun kendi kararı ile faaliyetine son vermesi[21] üzerine Amerika Birleşik Devletleri Dışişleri bakanı Nehru'ya bir mesaj yollayarak McNaughton'un askersizleştirme konusundaki gerçekçi yaklaşımını kabul etmesini istedi ve eğer Hindistan kabul etmezse üçüncü defa tarafsız önerileri reddetmiş olacağını bildirdi. Nehru bunu "mesajı dostça olmayan" olarak tanımladı.[22] 14 Mart 1950'de Avustralyalı bir hukukçu olan Sir Owen Dixon, Birleşmiş Milletler temsilcisi olarak ve Birleşmiş Milletler Komisyonu'nun bütün yetki ve sorumlulukları ile tayin oldu fakat o da görevini yapamadı. Bununla birlikte Güvenlik Konseyi başkanına verdiği raporda şunları yazmıştı: "Eğer kapsamlı bir halk oylaması sonucu devlet tamamen Hindistan'a geçerse çok sayıda müslüman mülteci olarak Pakistan'a geçerek büyük bir problemi doğuracaktır. Eğer sonuç Pakistan lehine olursa Hindûlar ve Sihler'in hareketi sebebiyle de bu kadar boyutta olmasa bile Hindistan içinde bir mülteci problemi ortaya çıkacaktır. Bütün bunlara bölünme ile mani olunabilir. Devletin büyük alanları sarih bir şekilde müslümandır. Diğer alanlarda ağır basanlar Hindû'dur. Ayrıca Budist olan alanlar da vardır. Bu alanlarda oluşanların büyük çoğunluğunun hislerinden kimse şüphe etmemektedir. Halkın menfaati, adalet ve iskânın dâimîliği ve diğer bir mülteci problemini önleme hususundaki mecburi gerekliliğin hepsi iskân ilkesi olarak taksimi kabul etmenin ve kapsamlı bir halk oylaması ile ekonomik ve coğrafî mülâhazalar da aynı istikamete yönelmektedir."[23]

Nehru 12 Şubat 1951'de, "Keşmir halkına ve dolayısıyla Birleşmiş Milletler'e söz verdik. Buna riayet ettik ve bugün de edeceğiz. Keşmir halkını bırakalım kararı o versin", 6 Temmuz 1951'de de, "Keşmir satılık veya trampa edilecek bir mal değildir. Kişisel bir mevcudiyeti vardır ve halkı kendi geleceklerinin hakemleri olmalıdır" sözlerini sarf etmiştir. Ancak Hindistan Keşmir'de halk oylamasını kazanamayacağını anlayınca bölgede bir Kurucu Meclis kurmaya kalktı. Bunun üzerine Güvenlik Konseyi 30 Mart 1951 tarihli kararında Keşmir konusuyla ilgili önceki bütün kararlarını ve Birleşmiş Milletler Komisyonu'nun kararlarını teyit ettikten sonra şunları açıklıyordu: "Cammû ve Keşmir Devleti'nin son tanzimi, Birleşmiş Milletler himayesi altında yönetilecek bir serbest ve tarafsız halk oylaması demokratik metodu ile halkın izhar ettiği irade doğrultusunda yapılacaktır. Tüm Cammû ve Keşmir Millî Konferansı Genel Konseyi tarafından tavsiye edilen Kurucu Meclis'in toplanması ve bu meclis tarafından bütün devletin veya bir kısmının gelecek biçimi ve bağlantısı konusunda olmaya matuf her hareketi yukarıdaki prensibi ile uygun bir tanzim teşkil etmeyecektir."[24]

30 Mart 1951 tarihli kararı ile Güvenlik Konseyi Sir Owen Dixon'un istifasını kabul etti ve yerine Keşmir ihtilâfını halletmek için alt-kıtada gereken gayretleri sarfetmesine karar verdi.

Kararın en önemli noktaları şunlardı:

a) Amerika Birleşik Devletleri Dışişleri Bakanlığı'nın hukukî mütalaası,

b) Güvenlik Konseyi'nin Keşmir ihtilâfını benzer sorumluluğu olduğunu bildirerek çözme hususundaki kararlılığı idi.

Amerika Birleşik Devletleri Dışişleri Bakanlığı'nın mütalaası şöyle idi: "Hukuk Müşavirliği ofisinin mütalaasına göre 1947 Ekiminde mihrace tarafından bir iltihak belgesinin uygulanması Keşmir'in Hindistan'a iltihakını o zaman mevcut koşullar muvâcehesinde nihaî olarak sağlayamazdı. Keşmir'in geleceği meselesi nisbeten istikrarlı şartlar altında düzenli bir biçimde halledilmeyi beklemektedir. Bu mesele ihtilâfta önemli bir unsurdur ve Güvenlik Konseyi önündeki müzakerelerde taraflardan hiçbirinin haklarının mihracenin iltihak belgesi ile tesbit edildiğini ileri sürmeye hakkı yoktur."[25]

Güvenlik Konseyi Keşmir'in geleceği için şu ifadede bulunuyordu: "Güvenlik Konseyi Keşmir anlaşmazlığında dostça bir çözüme varmada milletlerarası barış ve güvenliğe yardım ederek muhafazasında birinci derece sorumlu olduğu ve bunun görevi olduğu inancındadır ve bu anlaşmazlığın çabuk halli milletlerarası barış ve güvenliğin muhafazası için hayatî önemdedir."[26]

Güvenlik Konseyi 30 Mart 1951 tarihli kararında Dr. Graham'ı Birleşmiş Milletler temsilcisi tayin etmişti. Dr.

Graham Hindistan ve Pakistan hükümetlerine birçok öneri sundu. Güvenlik Konseyi başkanına konseyinin muhtelif kararlarıyle ilgili altı rapor sundu. Bütün önerilerini Pakistan kabul etti, Hindistan ise reddetti.[27] Altıncı raporunda Dr. Graham Hindistan ve Pakistan başbakanları arasında bir zirve konferansı yapılmasını tavsiye etti, fakat bu rapor konsey tarafından dikkate alınmadı. Bunun üzerine Amerika Birleşik Devletleri Dışişleri Bakanlığı alternatif yöntemler düşündü. "Ümit ederiz ki Keşmir halkının kendi kaderini kendinin tayini prensibi galebe çalar" deniliyor ve bölünme hattının mevcut askerî ateşkes hattı olmaması, Birleşmiş Milletler kararlarının uzun ve acı tarihe sahip bu anlaşmazlığa taze bir yaklaşım getirmesi temenni ediliyordu. Son olarak başkanın dışişleri memuru olmayan özel bir elçisinin her iki hükümetle gizlilik esası üzerine müzakereler yapmak üzere yollanması öngörülüyordu.

Başkan Eisenhower bu yöntemi sıcak bir şekilde tasvip etti ve Dışişleri Bakanı J. Foster Dulles'a 21 Nisan 1958'de bütün samimiyetiyle şunları yazdı: "Eğer şahsî bir hareket başarı sağlamaya yardım edecekse benim engel olmam için bir mahzur yoktur. Meselâ başbakanları aynı zamanda hatta oraya giderek kabul ve ağırlayabilirim."[28]

Bu 1949'daki Truman-Attlee çağrısından daha önemli ve Hindistan ile Pakistan arasındaki anlaşmazlığı çözmek için Amerikan endişesinin en yüksek noktasıdır.[29] 2 Mayıs 1958'de Eisenhower Başbakan Nehru ve Başkan Mirza'ya bir mektup yollayarak "üç ülkenin mümkün kaynaklarını kullanmak" gibi bir tabir kullanarak yardım vaadinde bulundu. Mektup Hindistan ve Pakistan'ın karşılaştığı ek problemler endişesine teması ile başlıyordu; bu problemler o sırada bir çözüm için gerekli psikolojik etkiyi ve avantajı içermiyorlardı. Bu teşebbüs soğuk harbin en hararetli zamanına rastladığından başarıya ulaşamadı. Nehru kendisini Amerika Birleşik Devletleri'ne yakın hissetmiyor, Sovyetler Birliği'nin hoşuna gitmeyecek bir şey yapmak istemiyordu. Diğer bir sebep de Pakistan'daki istikrarsızlıktı.[30] İktidarda seçimle gelmemiş hükümetler vardı. Hindistan belki haklı olarak Pakistan'da iktidarın yapılmasını planladığı genel seçimlerden sonra müzakerelere yanaşacaktı, ama genel seçimler General Eyûb Han'ın darbesi sonucu yapılamadı.

Sonuç olarak Nehru Eisenhower'in önerisini reddetti. Cevabına kendisinin Hindistan parlamentosunda bir kaç hafta önce yaptığı bir konuşmanın kopyasını ekledi. Amerika Birleşik Devletleri Dışişleri Bakanlığı, Eisenhower'e Nehru'nun cevabını bildirirken Nehru'nun teklifi hemen reddetmediğini fakat farklı bir yöntem önerdiğini, bunun Delhi ve Karaçi'deki Amerika Birleşik Devletleri büyükelçileri ile görüşmeler olduğunu belirtti. Eisenhower'in teklifini kısmen desteklemeden ayrı olarak İngiltere Başbakanı MacMillan Başbakan Noon'a yazdığı bir mektupla Noon'la Nehru arasındaki müzakerelerde Keşmir probleminden daha fazla konuların konuşulmasını istedi. Bu suretle aralarındaki anlaşmazlığın ve güçlüğün köküne inmeye teşebbüs edilecekti. Bu, Batılı diplomatların Hindistan ve Pakistan arasında iki taraflı müzakereleri tavsiye ettikleri safhadır ve esasen Keşmir anlaşmazlığının günümüze kadar halledilememesinin diplomatik şifresidir.[31]

Antlaşmazlığın üçüncü safhasında (1958-1966) Sovyetler Birliği sertleşti ve Amerika Birleşik Devletleri'nin Pakistan'ı desteklemesi zayıfladı. Pakistan'da ise yeni yönetim, Hindistan'ı yarımadayı ortak bir savunmaya ikna edebilirse Keşmir probleminin halledileceği inancı ile hareket etti. Başkan Eyûb Han karşı karşıya gelme vaziyetinden radikal bir ayrılış yaptı ve "her iki ülkeye kuzeyden gelen tehlikeden" bahsetti. Ayrıca aynı zamanda hükümeti gizlice Pakistan'ın Birleşmiş Milletler Komisyonu kararlarının tamamının uygulanması talebinde sert olmadığını bildirmişti. Meselâ 8 Nisan 1959'da Wellington'daki SEATO konsey toplantısında Dışişleri bakanı gayri resmî bir konuşmada, "Keşmir vadisinde bağımsızlık olursa Pakistan her çözümü kabul edecek ve şimdiki hükümet daha önce dâhilî noktainazardan mümkün olmayan anlaşmaları uygulayabilecek" demişti.[32]

Pakistan'ın ümitle tasarlanan bu davranışının Hindistan'dan müsbet bir cevap aldığına dair bir gelişme olmamıştır. Hindistan Aralık 1961'de Goa'yı işgal ederken Pakistan sınırında askerî yığınak yaptığı zaman dahi Başkan Kennedy birbirini suçlayan alenî müzakerelere karşı çıktı ve Eugene Block'un Hindistan-Pakistan müzakerelerinde arabuluculuk yapmasını tavsiye etti. Pakistan yine kabul etti, Hindistan ise reddetti. Güvenlik Konseyi'nde hiçbir devlet Keşmir konusunda bir karar sunmak istemedi. Pakistan'ın zevahirini kurtarmak için Başkan Kennedy İzlanda cumhurbaşkanından İzlanda delegasyonunun zararsız bir karar sureti sunmasını istedi, bu yapıldı. Bunda taraflara Birleşmiş Milletler Komisyonu kararlarında bulunan prensipleri yeniden tasdik etmeden veya atıf çerçevesi yapmadan hatırlatılıyordu ve genel sekreterden konunun Birleşmiş Milletler anayasasına uygun olarak nihaî şekilde çözülmesine dair bir görüşle tarafların müzakereler için talep ettikleri hizmetleri temin etmesi isteniyordu. Bu tasarı bile Sovyetler Birliği'nce veto edildi. Mayıs 1960'taki U2 casus uçak olayı ve Pakistan'ın Hindistan'la ortak savunma tavrı Sovyetler Birliği'ni Keşmir konusunda ısrarla olumsuz yapmıştı.

1962 Ekiminde Hindistan saldırısına Çin'in muazzam karşı taarruzu bölgede kuvvetler denkleminde nitelik bakımından bir değişiklik meydana getirdi. Amerika Birleşik Devletleri derhal Hindistan'a askerî yardımda bulundu ve Kennedy, Eyûb Han'dan Nehru'ya özel bir mesaj göndermesini istedi. Nehru Pakistan'ın sempati ve desteğini istemişti. Pakistan Hindistan'a karşı hiçbir hareket yapmayacaktı. Kennedy böyle bir mesajın uzun vadede Hindistan-Pakistan anlaşmazlıklarına mâkul bir çözüm getireceğine inanıyordu. MacMillan da bütün yarımadaya bir dış tehditin Hindistan'la Pakistan'ı bir araya getireceğini umduğunu ifade etti. Mamafih İngiltere parlamentosunda Pakistan'ın durumundan yararlanmaya kalkmayacağı şeklindeki bir bildirimde bulunduğu resmî bir beyanat Pakistan tarafından tekzip edilmedi.[33] Bu suretle Hindistan'ın Keşmir anlaşmazlığına âdil bir çözümü kabul etmek hususundaki zorlama kaybedilmiş oldu. Amerika Birleşik Devletleri ve İngiltere Keşmir konusunda ikili görüşmeleri başlatmaya yardım için Harriman ve Sandys'i yolladılar. Nehru görüşmelere razı oldu. fakat "hâlihazır tertipten üzüldüğünü" ifade etti.

Görüşmeler altı toplantı halinde yapıldıysa da sonuçta beyhude olduğu ortaya çıktı. Amerika Birleşik Devletleri Hindistan'a hiç baskı yapmadı. Çin Hindistan ihtilâfından önceki vaziyetini korudu. Çin-Hindistan ihtilâfından Pakistan ve Keşmir için Amerika Birleşik Devletleri ve İngiltere'nin önceden düşünemedikleri iyi bir husus meydana geldi. Pakistan-Çin sınır antlaşması için Pakistan ile Hindistan arasındaki Keşmir anlaşmazlığı halledildikten sonra Keşmir'deki egemen otoriteyle bir sınır anlaşması müzakere edilecekti. Pakistan'ın durumu Çin'le dost ilişkilerle paha biçilmez şekilde kuvvetlendi. Bu, Keşmir'in kendi mukadderatını kendisinin tayini imkânına doğru büyük bir destekti. Ama 1965 savaşında da 1962'de Hindistan-Çin savaşında Pakistan'ın mâruz kaldığı aynı çeşit Batı baskısı sebebiyle Pakistan dayanamadı.

1964'teki Keşmir ayaklanması Amerika Birleşik Devletleri ve İngiltere'nin tarafsız durumlarını değiştirmedi. Güvenlik Konseyi üyeleri Birleşmiş Milletler Komisyonu kararlarının geçerli olduğuna dair oy birliğiyle aldıkları kararı Pakistan yeterli bulmayınca bu karar Hindistan'ı rahatlattı. Johnson yönetimi Çin için saplantılı bir endişe, Pakistan içinse artan bir itimatsızlık besliyordu. Amerika Birleşik Devletleri, Çin ve

Pakistan'la yakın ilişkilerle kazanacaklarını Hindistan'ı yatıştırmak için aşırı bir eğilimle kaybetti.[34] Amerika Birleşik Devletleri'nin 1965 savaşındaki davranışı dostça olmaktan uzaktı. Hindistan'ın Pakistan'ı istilâ etmesi İngiltere Başbakanı Wilson'a alenen böyle bir saldırı sebebiyle alarm ifade etmiş, fakat sonra beyanından pişmanlık duymuştu.[35] Amerika Birleşik Devletleri iki tarafa silâh ambargosu uyguladı, bu Pakistan'ın mukayese edilmez ölçüde aleyhine idi. 13 Eylül'de Dışişleri Bakanı Dean Rusk Amerika Birleşik Devletleri'nin halk oylamasını tam çözümün bir parçası olarak gördüğünü açıkladı. Üç gün sonra Çin Hindistan'a bir nota vererek "Hindistan'ın Keşmir halkına kendi kaderini kendi tayin hakkını inkâr ettiğini" bildirdi.

19 Eylül'de Başkan Eyûb Han gazetecilere[36] "Pakistan'ın Keşmir'de bir garantilenmiş halk oylaması ihtiva etmese dahi ateşkesi kabul etmeye hazır olduğunu" söyledi. Pakistan'daki İngiltere Yüksek Komitesi Eyûb Han'a, "Biz ve diğerleri şimdi çözüme kararlıyız" dedi. Eyûb Han, "Bu sağlam bir taahhüt mü?" diye sorunca İngiliz elçisi, "Evet, bu İngiliz hükümetinin teminat sözüdür" diye cevap verdi. Birleşmiş Milletler genel sekreter yardımcısı Ralp Bunch Pakistan elçisine, "Bu savaştan sonra önceden yaptığımız gibi Keşmir ihtilâfını unutacağımıza nasıl inanırsınız?" demiştir.

Güvenlik Konseyi 20 Eylül'de tasarlanan "ateşkesi" ilk adım addetmiş ve ateşkesten ve askerlerin geri çekilmesinden sonra hâlihazır ihtilâfın temel siyasî probleminin halline doğru hangi adımların atılacağını dikkate almak gerekeceğine karar vermiştir. Bütün bu gayretler Sovyetler'in inisiyatifi karşısında boşa gitmişti. Başkan Eyûb Han sonucu belirleyen kesin rolün Amerika Birleşik Devletleri tarafından oynanması gerektiği şeklindeki kanaatini izhar ettiğinde Amerika Birleşik Devletleri Dışişleri Bakan vekili George Ball, Amerika Birleşik Devletleri'nin Sovyetler Birliği ile yarışmak istemediğini söylemiştir.

Nehru 26 Haziran 1952'de, "Eğer düzgün bir halk oylamasından sonra Keşmir halkı biz Hindistan'la birlikte olmak istemiyoruz derlerse buna uymaya mecburuz. Onlara karşı bir ordu yollamayacağız. Ne kadar gocunsak ve üzülsek de bunu kabul edeceğiz. Gerekiyorsa anayasayı değiştireceğiz" demiştir. 7 Ağustos 1952'de de, "Israr etmek istiyorum ki sadece Keşmir halkı Keşmir'in geleceği konusunda karar verebilir. Yalnız Birleşmiş Milletler'e ve Keşmir halkına söylediğimiz için değil fakat kanaatimiz olduğu ve sadece Keşmir'de değil her yerde izlediğimiz siyasetten doğduğu için bu böyledir. Keşmir halkı geleceklerine karar verecekler faraziyesi ile başladım, onları mecbur etmeyeceğiz. Bu anlamda Keşmir halkı egemendir" şeklinde bir beyanat vermiştir.

Güvenlik Konseyi'nde anlaşmazlığa hakkaniyetli bir çözüm bulunması yolundaki çalışmalara hız verildi. Amerika Birleşik Devletleri, İngiltere'nin kabusunu yaşamıyordu, sömürgeci bir mâzisi yoktu, bölgedeki karışıklıktan sorumlu değildi ve Birleşmiş Milletler Komisyonu'na üye olmak barış için eksik olan gerekli liderliği sağlıyordu. 1945-1953 arası

Keşmir anlaşmazlığı yapıcı bir süper gücün rolü konusunda umut verici işaretler ihtiva ediyordu. Barışa bir hal hususundaki gayreti özellikle Birleşmiş Milletler inhisar etmekteydi. Birleşmiş Milletler'in o tarihlerde bunu çözecek ağırlığı vardı. Hemen her şey çözümlendi, sadece devletin askerden arındırılması konusunda ayrıntıların tesbiti kalmıştı. Fakat acele hareket gerekliydi, savaş sürüyor, hayatlar sönüyordu.

Güvenlik Konseyi 21 Şubat 1957'de başkanı İsveç Temsilcisi Gunnar Jarring'i Birleşmiş Milletler temsilcisi tayin etti. Ondan Hindistan ve Pakistan hükümetleriyle birlikte Keşmir anlaşmazlığını halle yarayacak her öneriyi, Güvenlik Konseyi ve Birleşmiş Milletler Komisyonu'nun önceki bütün kararlarını incelemesini istedi. Ayrıca yarımadayı ziyaret edip durumu Güvenlik Konseyi'ne rapor etmesini de talep etti. Bu arada Hindistan'ın işgalindeki Cammû ve Keşmir'de gülünç sözde seçimler yapıldı. Bu konuda *The New York Times* başyazısında Bay Jarring'i şöyle uyarıyordu: "Bu hiçbir oyun kullanılmadığı bir seçimdir. Keşmir meclisi için Hindistan'ın desteklediği adaylar, muhalefetsiz seçilmiş ilân edildiler. Seçime girmek isteyen dokuz aday adaylık kâğıtlarının teknik sebeplerle kabul edilmediklerini, kovulduklarını ve muhaliflerinin seçildiklerinin ilân edildiğini öğrendiler. Devletin siyasî geleceğinin bir halk oylamasıyla tayin edilmesinden yana olan kırk dört ileri gelen Keşmirli siyasî suçlu olarak hapishanededirler. Şüphesiz bunlar seçime giremediler. Bu, kelimenin her anlamında bir seçim değildi.

Seçim tabiri bir tercih anlamına gelmektedir. Keşmirliler'in bu tercihi yoktu."[37]

Seçimlerin ne kadar dürüst cereyan ettiği bir soru işaretidir. Bu konuda Karan Singh şunları yazmıştır: "Devlet Yasama Meclisi'ne genel seçimler 1957 Martının ikinci yarısında yapıldı. Maalesef vadide birçok yıl kuvvetli şekilde yerleşip kalan bir eğilim tertiplendi. Kırk üç sandalyeden otuz beşi itirazsız millî konferansa (National Conferance) tahsis edilmişti. Bu surette yetmiş beş sandalyeli meclisin sonuçları (zımmen) herkesten önce belli oluyordu. Bu muhalefet adaylarının adaylık belgeleri birçok halde sudan sebeplerle reddedilmesi sonucu oluyordu. Bahşi Ghulam Muhammed bütün idarî yetenekleri ile seçimleri idarede bir uzmandı. Nihaî olarak Cammû'da Pandit Prem Nath Dogra'nın Praya Prishad başkanlığındaki parti ancak beş sandalye kazanabiliyor, geri kalanlar National Conferance'a gidiyor ve Bakhshi hükümetini bir başka beş yıl garantiliyordu. Abdullah taraftarı kuvvetler meclisten tamamıyla dışlanmışlardı, hatta seçimlere itiraz dahi edemiyorlardı."[38]

Bütün bu gayretler Hindistan'ın reddi sebebiyle sonuçlanamadı. Batılı devletler Birleşmiş Milletler'in gayretlerini destekledi. Sovyetler Birliği ise bunları engellemedi ve 1958'in sonuna kadar Birleşmiş Milletler gayretlerinde tarafsız kaldı. Sovyetler Birliği 24 Ocak ve 2 Aralık 1957 tarihli iki önemli Güvenlik Konseyi kararını veto etmedi. 24 Ocak 1957 tarihli karar Srinagar'daki Hindistan'a iltihakı destekleyen sözde Kurucu Meclis kararları iptal ediyordu. 2 Aralık 1957 tarihli karar ise Frank P. Graham'a yeni bir görev veriyordu.

Batılı devletler 1957'de Pakistan'ın durumunu kuvvetli şekilde destekliyorlardı, fakat 28 Mart 1958'de Frank P. Graham nihaî raporunu verdiğinde Amerika Birleşik Devletleri ve İngiltere Keşmir ihtilâfının Güvenlik Konseyi'nde yeniden ele alınmasına kuvvetle muhalefet ettiler.

Frank P. Graham kendi Hükumetine (Amerika Birleşik Devletleri) itiraz etti. Raporunu yumuşatmayı, bu suretle Güvenlik Konseyi toplantısını çabuklaştırmamayı önerdi. Frank P. Graham ısrarla Keşmir problemini bazı kimselerin düşündüklerini zannettikleri gibi unutulamaz buluyordu.[39]

Mart 1959'da Çin, Tibet'e saldırdı ve Dalai Lama Hindistan'a kaçtı. 19 Eylül 1960'ta Nehru Karaçi'de İndus nehrinin sularının bölünmesi için bir antlaşma imzaladı. Bu konu 1954 yılından beri müzakere edilmekteydi. Bu suretle Hindistan-Pakistan siyasal gerginliği nisbeten azaldı. 3 Mayıs 1962'de imzalanan Çin-Pakistan antlaşması ile Keşimir-Doğu Türkistan sınırı tesbit edildi. 20 Ekim-21 Kasım 1962'de Himalaya sınırında Çin-Hindistan savaşı oldu.

Ocak-Şubat 1963'teki Hindistan-Pakistan görüşmelerinde Keşmir'in bölünmesi muhtemel görülüyordu. 2 Mart'ta Pekin'de Çin-Hindistan antlaşması imzalandı. 27 Mayıs 1964'te Nehru öldü. Nisan 1965'te Ran de Kutch bölgesinde Hindistan-Pakistan savaşı başladı. 5 Ağustos'ta Hindistan birlikleri Keşmir'de ateşkes hattını aştılar. 16 Eylül'de Çin, Hindistan'a bir ültimatom verdi. 19 Eylül'de Sovyetler Birliği, Hindistan ve Pakistan'ın Taşkent'te buluşmalarını teklif etti. 22 Eylül'de Güvenlik Konseyi toplandı ve Hindistan ile Pakistan bir ateşkes antlaşması imzaladı.

1965 -1966

1 Eylül 1965'te zırhlı birliklerle destekli Pakistan ve Âzâd Keşmir kıtaları Chamb yakınında sınırı geçip büyük toprak ele geçirince 6 Eylül'de Hindistan iki cepheden Lahore ve Sialkot yakınından Pakistan'a saldırdı. Resmen ilân edilmemekle beraber tam savaş başladı. Birleşmiş Milletler Genel Sekreteri U Thant 9 Eylül'de Hint yarımadasına geldi, on dört gün yoğun savaş oldu. İki taraftan pek çok kimse öldü. 23 Eylül'de bir ateşkes ilân edildi. Güvenlik Konseyi'nde Pakistan Dışişleri Bakanı Zülfikâr Ali Bhutto, yakın gelecekte Keşmir meselesinin müzakere edilmesini talep ediyor, yoksa delegasyonunu çekeceğini söylüyordu. Hem Hindistan hem Pakistan Birleşmiş Milletler ve Batılı devletler tarafından aldatıldıklarını hissediyorlar, bu da Sovyetler Birliği'nin Milletler-arası barış hazırlayıcısı rolü takınmasına sebep oluyordu.

17 Eylül'de Aleksei Kosigin Başkan Eyûb Han ve Hindistan Başbakanı Shastri'ye bir mektup yazarak Taşkent'te buluşmalarını önerdi. 10 Ocak 1966'da Taşkent konferansı toplandı. Buna Pakistan Cumhurbaşkanı Muhammed Eyûb Han'la Hindistan Başbakanı Shastri katıldılar. Kosigin'in ara

buluculuğu ile Hindistan ve Pakistan barışçı ilişkilerini yeniden başlatmaya razı oldular. Shastri 11 Ocak'ta kalp sektesinden ölünce tabutunu Eyûb Han da taşıdı. 10 Ocak tarihli Taşkent bildirisi Keşmir anlaşmazlığı ile ilgilenmiyor, sadece mevcudiyetini not ediyordu. Bazıları Keşmir anlaşmazlığının buzdolabına konduğunu ve iki ülke arasındaki ilişkilerde genel bir iyileşme hedef alındığını ileri sürüyorlardı. Antlaşmada kabul edildiği üzere orduların belirli milletlerarası sınırlara ve ateşkes hattı gerisine çekilmesi kararlaştırıldı ve bunlar şubat ayında yerine getirildi. Diğer yandan Zülfikâr Ali Bhutto Taşkent'ten açıkça memnun olmadığını beyanla ve "Keşmir satıldı" diye şiddetle aleyhte bulunuyordu.

Taşkent konferansı Keşmir anlaşmazlığını yumuşattığı için Hindistan memnun oldu. Çin Taşkent konferansına ortak Amerika Birleşik Devletleri-Sovyetler Birliği suikastı demiş, Başkan Johnson "devlet adamları tekrar birleştiler" diye Hindistan başbakanı ve Pakistan devlet başkanını övmüştür. İngiltere Başbakanı Wilson Başkan Eyûb'u "büyük devlet adamlığı"ndan ötürü methetmiştir. Pakistan da Güvenlik Konseyi'nin 20 Eylül kararında yapılan vaadin gerçekleşmesini istememiştir.

Mart 1969'da Doğu Pakistan'da şiddetli karışıklıklar oldu, sıkıyönetim ilân edildi. Aralık 1970'te genel seçimler yapıldı ve muhtariyet taraftarı Avami Partisi Doğu Pakistan'da kazandı. 6 Mart 1971'de Başkan Yahyâ Han ay sonunda toplanacak olan millî meclisin toplantısını erteledi. 25 Mart'ta Doğu Pakistan'da şiddetli bir tenkil hareketi başladı.

17 Nisan'da Bengladeş Halk Cumhuriyeti ilân olundu. 9 Ağustos'ta Hindistan ve Sovyetler Birliği bir dostluk ve işbirliği anlaşması imzaladılar. 23 Ekim'de Hindistan ihtiyatlarını silâh altına çağırdı. Kasım başında Zülfikâr Ali Bhutto başkanlığında bir Pakistan heyeti Çin'e kısa bir ziyaret yaptı ve umduğunu bulamadı. 23 Kasım'da Pakistan olağanüstü hal ilân etti ve 3 Aralık 1971'de de üçüncü Hindistan-Pakistan savaşı başladı.[40] 1971 savaşı Keşmir sebebiyle değil Doğu Pakistan olayları dolayısıyla başladı.

1967

Cammû ve Keşmir'de genel seçimler yapıldı ve tamamıyla Yeni Delhi'nin emrine giren G.M. Sadık'ın hükümeti tarafından seçimlere hile karıştırıldı. Sadık'ın partisi Millî Konferans Indira Gandhi'nin Kongre Partisinin bir uzantısı halini aldı ve öyle adlandırıldı. Abdullah'ın görüşlerini temsil ettiği sanılan Plebisit Cephesi seçimleri boykot etti.

1968

Pakistan Taşkent sebebiyle Birleşmiş Milletler vasıtasıyla doğrudan görüşmeler konusunda baskı yapmaya devam etti. Keşmir halkının konvansiyonu Şeyh Abdullah'ın önderliğinde toplanıp Keşmir meselesinin çözümü için çeşitli ihtimalleri ele aldı.

1969

Mayısta Şeyh Abdullah Cammû ve Keşmir Plebisit Cephesi'nin seçim politikalarına katılacağını ilân etti. Cephe yerel seçimlerde iyi sonuç aldı ve genel seçimlere girme kararı aldı.

1970

Haziranda Şeyh Abdullah Cammû ve Keşmir Plebisit Cephesi'nin başka bir toplantısını yaptı ve cephenin siyaseti açıkça anlatıldı. Srinagar'da Şeyh Abdullah Cammû ve Keşmir Devleti Halkının konvansiyonunu topladı. Cephe politikaları daha açıkça belirtildi; Cammû ve Keşmir ya bağımsız olacak ya da Pakistan'la birleşecek. Abdullah hangi opsiyonu tercih ettiğini belirtmeyip 1947'de Nehru'ya itimat etmekle hata ettiğini açıkladı. Hindistan Keşmir'i geçici olarak kendine bağlamaya söz verdi. Abdullah "Nehru'ya inandım ve Nehru'nun değişeceğini asla düşünmedim" demiştir. Temmuzda Srinagar'ı ziyaret eden Indira Gandhi, "Keşmir'in ilhakı tarihimizin bir parçasıdır ve tarih geri çevrilemez veya değiştirilemez. Keşmir meselesi kesin olarak halledilmiştir" dedi. Hindistan'ın bu açık beyanını tutuklamalar izledi. Pakistan lehine çalışan siyasî aktivistler tutuklandı. Kendine el-Fetih ismini veren bir örgüt sabotaj eylemlerine başladı. Bu eylemler ilk kez yapılıyordu.

1971

Şeyh Abdullah'ın liderliğindeki Plebisit Cephesi 14 Ocak'ta Hindistan İçişleri Bakanlığı tarafından kanunsuz faaliyetler yasasına göre kapatıldı, bu suretle ulusal seçimlere girmesi yasaklandı. 30 Ocak'ta Hindistan hava yollarına ait bir uçak Srinagar'dan Cammû'ya otuz yolcu ve mürettebatı ile uçarken iki genç Keşmirli tarafından kaçırıldı. Bunlar Hindistan'ın elindeki Keşmir'de bulunan bütün siyasî mahkûmların salıverilmesini, kendilerine Pakistan'a iltica hakkı tanınmasını ve hâlâ Srinagar'da bulunan ailelerine güvenlik istediler. Serbest bırakılan yolcular ve mürettebat 1 Şubat'ta Hindistan'a geçtiler. 2 Şubat'ta uçak kaçıranlar uçağı yaktılar. Bu zamana kadar Hindistan talepleri hakkında bir karar vermemişti. 1970 Aralığında Zülfikâr Ali Bhutto uçak kaçıranların "iki kahraman adam" olduklarını ve "dünyada hiçbir kuvvetin Keşmir'in kurtuluş mücadelesini durduramayacağını" beyan etti. 3 Şubat'ta Hindistan uçağın imhasından Pakistan'ı sorumlu tuttuğunu bildirdi ve bir gün sonra askerî ve sivil bütün Pakistan uçaklarının Hindistan üzerinde uçmalarını yasakladığını ilân etti. Ayrıca uçağı kaçıranların Hindistan'a teslimini istedi.

Pakistan uçak kaçırmanın doğrudan Keşmir'deki Hint baskısından doğduğu cevabını verdi ve Delhi elçiliği dışındaki düşmanca gösterileri ve bazı yerlerin yakılmasını protesto etti. Bu arada Pakistan'da Şeyh Mucibürrahman'ın Avami Birliği ile Zülfikâr Ali Bhutto'nun Pakistan Halk Partisi arasındaki siyasî kriz her gün derinleşiyor, bir anlaşmadan gittikçe uzaklaşılıyordu. Durum General Yahyâ Han'ın askerî rejiminin kararsız hareket etmesiyle daha da kötüleşiyordu.

Bu arada Keşmir Başbakanı G.M. Sadık uçak kaçırmanın Hindistan'ın bir tertibi olduğunu ve kaçıranlardan birinin Hintli bir entellijans ajanı olduğunu iddia etti. Bu iddia bir hafta sonra Şeyh Abdullah tarafından da tekrar edildi. Mamafih Pakistan ve Âzâd Keşmir'de halk uçak kaçıranlara kahramanlar gözü ile bakıyordu. Diğer taraftan Batı Pakistan ve Doğu Pakistan (Bengladeş) arasındaki olaylarda Hintliler Doğu Pakistanlılar'ı silâhlandırdılar, eğittiler ve eyalet şiddete gömüldü. Yahyâ Han 3 Aralık'ta belki Doğu Pakistan üzerindeki baskıyı hafifletmek için batıdan Hindistan'a saldırı emri verdi, fakat bu bir sonuç getirmedi. Bu durum Hindistan'a Doğu Pakistan'ı askerî işgal için aradığı mâzereti sağladı. Yahyâ Han iktidarı terketti ve 20 Aralık'ta Zülfikâr Ali Bhutto Pakistan cumhurbaşkanı oldu. Doğu Pakistan ise Bengladeş Cumhuriyeti olarak bağımsızlığını ilân etti.

1972

28 Haziran - 3 Temmuz tarihleri arasında Zülfikâr Ali Bhutto ve Indira Gandhi Hindistan'da Simla'da buluştular ve 1971 sonuçlarını görüştüler. 2-3 Temmuz gecesi delegasyonlar müzakerelerin çıkmaza girdiğini düşünürlerken iki lider anlaştı ve Simla Antlaşması'nı imzaladılar. Cammû ve Keşmir hakkında anlaşma ateşkes hattına "aktüel kontrol hattı" ismini vermektedir. Antlaşma bu hatta ufak tefek değişiklikler yapıldıktan sonra iki tarafın yeni hatta saygılı olacakları, her iki ülkenin bu hat üzerinde tehdit ve kuvvet kullanmadan kaçınıcakları vaadini ihtiva etmekteydi.

Simla Antlaşması'nın Değerlendirmesi

Cammû ve Keşmir halkının, Birleşmiş Milletler Güvenlik Konseyi'nin 1948 ve 1949 tarihli kararlarına göre kendi geleceğini kendi tayin (self determination) hakkı vardır. Fakat Keşmir'in Hindistan işgalindeki bölgesinde bunu talep eden halk topluluklarına Hindistan ordusu ve polisi tarafından ateş açılmış, yüzlerce insan ve bilhassa çocuklar öldürülmüştü. Yeni Delhi, Keşmir halkını Pakistan'ın kışkırttığını iddia ederken yabancı medyalardaki objektif raporlar Keşmir'deki kaynaşmanın yerli kaynaklı olduğunu açıklamaktadır. Pakistan, tabii olarak Cammû ve Keşmir halkının kendi geleceğini kendi tayin hakkını desteklemektedir. Bu tavır bölgenin geleceğinin Cammû ve Keşmir halkı tarafından serbest ve tarafsız bir halk oylamasıyla tesbitini öngören Birleşmiş Milletler Güvenlik Konseyi'nin 1948 ve 1949 tarihli kararlarına dayanmaktadır. Bu kararların esas noktaları şöyledir:

1- Keşmir hakkındaki şikâyet Güvenlik Konseyi'ne Hindistan tarafından yapılmıştır.

2- Birleşmiş Milletler Güvenlik Konseyi sarahaten ve zımnen Keşmir'in Hindistan toprağı olduğu iddiasını reddetmiştir.

3- Birleşmiş Milletler Güvenlik Konseyi kararları Keşmir anlaşmazlığının çözümü için "kendi geleceğini kendin tayin et" kuralını bir çözüm ilkesi olarak kabul etmiştir.

4- Kararlar anlaşılmış ve belirtilmiş şartlar altında bir halk oylamasının Hindistan ve Pakistan arasında yapılmasını öngörmektedir.

5- Birleşmiş Milletler Güvenlik Konseyi, Hindistan'ın işgali altındaki Keşmir'de zaman zaman organize ettiği "seçimlere" iştirakle Keşmir halkının "kendi kaderini kendin tayin et" hakkını kullandığı iddiasını reddetmiştir. 1989 senesindeki "seçimlere" Keşmirli seçmenlerin ancak % 0.2'si katılmıştır. Bu, Hindistan iddiasının en açık reddidir.

6- Pakistan Birleş Milletler kararlarına uymaya devam etmektedir. Bu kararlar Hindistan için de bağlayıcı mahiyettedir.

7- 2 Temmuz 1972 tarihli Pakistan'la Hindistan arasındaki Simla Antlaşması -ki Pakistan katılmaya devam etmektedir- Cammû ve Keşmir'in ihtilâflı bir toprak olarak statüsünü değiştirmemiştir.

8- Simla Antlaşması Keşmir meselesinin Birleşmiş Milletler'de ele alınmasına mani olmuyor.

9- Keşmir Kontrol Hattındaki Hindistan ve Pakistan'daki Askerî Gözlemciler Grubu (UNMOGİP) Keşmir meselesine Birleşmiş Milletler müdahalesinin açık bir delilidir.

10- Hindistan "Keşmir Devleti Hindistan Birliği'nin ayrılmaz bir parçasıdır ve başka müzakereye lüzum yoktur" iddiasındadır. Böyle katı bir yaklaşımı olan Hindistan'ın dünya kamuoyunu aldatmak için ileri sürdüğü ikili müzakereden çözüm beklemek güçtür.

11- Simla Antlaşması, yirmi sekiz yıl önce imzalandığından bu yana Hindistan Keşmir meselesinin Pakistan'la Hindistan arasındaki görüşmelerle hallini ve işin hiçbir dış etki olmadan çözümünü ileri sürmektedir. Hindistan meselenin milletlerarası bir foruma intikal etmesine son derece alerjiktir. Nitekim Nelson Mandela'nın 1998'de Güney Afrika'daki NAM Konferansı'nda Keşmir'den bahsetmesi Hindistan'ın tepkisine sebep olmuştur.

12- Mayıs 1998'de önce Hindistan sonra Pakistan'ın nükleer denemeleri üzerine yapılan milletlerarası tazyik

Hindistan'ı Keşmir meselesini halletmeye de mecbur edecek diye düşünüldüyse de bu gerçekleşmemiştir.[41]

3 Temmuz'da Lahor'a dönen Zülfikâr Ali Bhutto, "Hayatî Keşmir konusunda da taviz vermedik" demiştir."Onlara kesin olarak Keşmir halkının self determinasyon haklarını kullanmaları gerektiğini söyledik. Bu sadece Keşmir halkı tarafından karar verilecek bir meseledir. Ne Pakistan'ın ne de Hindistan'ın bu konuda söyleyecekleri bir şey yoktur" diye devam etmiştir. Simla'da Cammû ve Keşmir halkının hiçbir taraftan temsilcisi yoktu. Hindistan Simla Antlaşmasına göre Keşmir'e üçüncü taraf müdahalesi (Birleşmiş Milletler dahil) olmaksızın meselenin çözümleneceğini iddia etmektedir. Haziranda Şeyh Abdullah'ın ülkeye (Keşmir'e) girme yasağı kaldırıldı. 19 Haziran'da Şeyh Abdullah Srinagar'a döndü ve Cammû - Keşmir halkının hâlâ self determinasyon hakkına sahip olduğunu beyan etti. Simla Antlaşması için Hindistan ve Pakistan Keşmir Devletin'e kendi kaderini tayin hakkının dışında karar vermeye haklı olmadığını belirtti. Pakistana Hindistan'ın işgalindeki Keşmir için self determinasyon isterken Âzâd Keşmir için istememesi talebiyle çattı. Bütün bunlar Şeyh Abdullah'ın Ekim 1947'de Devletin Hindistan'a ilhakını nihaî olarak kabul etmediğini gösteriyor dendi.

1973

12 Ocak'ta Plebisit Cephesi'nin yasağı bittiğinde tekrarlanmadı. 20 Mayıs'ta Srinagar'da karışıklık başladı. Hindistan aleyhinde bir hava ile yapılan grevler, yürüyüşler Vadi'de tam boykot yapıldı. Kamu ulaşımı durdu. Polis ateş açtı. 27 Mayıs'ta 100 kişi tutuklandı, sadece Srinagar'da dört kişi öldü.

Başbakan Zülfikâr Ali Bhutto Âzâd Keşmir'deki Muzafferâbâd'ı 10 Kasım'da ziyaret ederek Hindistan'ın Keşmir'de halk oylaması yapmamasını şiddetle eleştirdi. Ertesi gün Srinagar'da bir kız kolejinin isminin Jawaharlal Nehru olarak değiştirilmesi üzerine gösteriler başladı. 8 ve 10 Aralık'ta Bhutto Hint işgalindeki Keşmir'de halkın self determinasyonu ne kadar desteklediğini ispat için tam bir grev çağrısında bulundu. Vadideki karışıklık iki hafta kadar sürdü. Şeyh Abdullah Pakistan Başbakanı Bhutto'yu Keşmir'in iç işlerine karışması sebebiyle kınadı.

1974

1974 yılının başından itibaren Indira Gandhi'nin elçileri ve Şeyh Abdullah ile Mirza Afzal Beg arasında barış görüşmeleri başladı. Abdullah Hindistan Dışişleri Bakanı Sardar Swarn

Singh ile Haziranda birçok sefer buluştu. 13 Kasım'da iki lider bütün şartlarda anlaştılar. Bu arada Srinagar'da Mir Vaiz Faruk'un Avami Hareket komitesi üyeleri ile Şeyh Abdullah'ı destekleyenler arasında ciddi çatışmalar oldu. Faruk, Abdullah'ın geçmişte olduğu gibi kendini Hindistan'a sattığını, Keşmir'in geleceğini feda ettiği iddiasında bulunuyordu.

1975

12 Şubat'ta Delhi Antlaşması Şeyh Abdullah tarafından resmen kabul edildi. 24 Şubat'ta Indira Gandhi artık Delhi Antlaşması denilen belgenin içeriğini açıkladı. 25 Şubat'ta Abdullah Cammû ve Keşmir'in başbakanı olarak yemin etti. Kongre Partisi Abdullah'ın Keşmir bölgesi lideri olduğunu açıkladı. Antlaşma Abdullah'ın arzuları hilâfına onu 1953 Ağustosunda azlinden önceki duruma döndürmüyor, aksine açık olarak Keşmir'in Hindistan'a ilhakının kesin olduğunu belirtiyordu. Antlaşmanın ana maddesi "Cammû ve Keşmir Devleti Hindistan Birliği'nin bir kurucu devletidir" demektedir. 25 Şubat'ta Keşmir yasama meclisindeki Kongre Partisi Şeyh Abdullah'ı lideri olarak seçti. Zülfikâr Ali Bhutto 28 Şubat'ta Pakistan, Âzâd Keşmir ve Hind işgalindeki Keşmir için bir genel grev çağrısında bulundu. Greve katılım yoğun oldu. Bhutto, Abdullah'ın kendisini bir demokrasi şampiyonu ilân ettiğini, halbuki kendisinin üyesi olmadığı bu mecliste üyesi bulunmadığı bir parti mensubu olarak bir hükümetin başı

olmak üzere olduğunu açıkladı. 1 Mart'ta Pakistan Birleşmiş Milletler'e protestoda bulunarak Delhi Antlaşması'nın hem Simla Antlaşması'nı hem de bir Keşmir halk oylaması için Birleşmiş Milletler'in taleplerini ihlâl ettiği iddiasında bulundu. Çin 12 Mart'ta Pakistan'ı destekledi. Cammû'daki sağcı Hindûlar da anlaşmaya karşı çıkarak Keşmir'in Hindistan'la tam birleşmesini istediler. Delhi Antlaşması 4 Mart'ta Hint Temsilciler Meclisi Lok Sabha'da büyük çoğunlukla kabul edildi. 13 Mart'ta da senato onaylandı.

1976

Eylülde Abdullah Mir Vaiz Faruk'un başkanlığındaki Avami Eylem Komitesi ile bir çeşit ittifak düşündüğünü açıkladı. Faruk Haziranda bir Abdullah aleytarı gösteriden sonra kısa bir süre tutuklandı ve beklenen ittifak hiç gerçekleşmedi.

1977

Martta Keşmir meclisindeki Kongre Partisi üyeleri Delhi'nin uyarmaları üzerine Şeyh Abdullah yönetiminden desteklerini çektiler. Indira Gandhi 16-20 Mart'ta seçim ilân etti ve beklenmeyen bir sonuç alarak seçimleri kaybetti. Abdullah Keşmir valisini 27 Mart'ta meclisi feshe ve yeni seçimlere ikna etti. Yapılan seçimlerde Abdullah'ın Millî Konferans'ı yetmiş altı meclis sandalyesinden kırk yedisini kazandı. 5 Temmuz'da General Ziyâülhak darbe yaparak Zülfikâr Ali Bhutto'yu iktidardan uzaklaştırdı.

1978

Aralık ayında Punc kasabasında ayaklanmalar başladı. Millî Konferans'ın adam kayırdığı ithamlarına dayanan ayaklanmalar ocaktan mart sonuna kadar devam etti. Polisin açtığı ateş sonucu on kişi öldü. Cammû'da da "bölgesel dengesizlikler" sebebiyle yeni ayaklanmalar başladı. Haziranda aralarında Abdullah'ın eski arkadaşı Afzal Beg'in de kurduğu bir parti bulunan dört parti Millî Konferans'a karşı ittifak kurdular.

1980 - 1981

Indira Gandhi 1981 Ocağında iktidarı tekrar ele aldı. 13 Temmuz'da Abdullah, "Hiçbir kuvvetin bizi tekrar köleleştirmesine hiç kimse izin veremez, bu Hindistan veya Pakistan olsa bile" diye açıklama yaptı. Abdullah, oğlu Faruk'u 23 Ocak 1981'de halefi olarak tayin etti, Ağustosta ise Millî Konferans'ın başkanı seçtirdi. Şeyh Abdullah 8 Eylül 1982'de öldü. Oğlu Faruk Abdullah başbakan oldu.

1983

Faruk Abdullah ile Delhi ilişkileri bozuldu. Yapılan genel seçimlerde Millî Konferans kırk altı sandalye, Kongre Partisi de Cammû'da yirmi altı sandalye kazandı. Srinagar'da ayaklanmalar, ve kargaşalar başladı, yüzlerce kişi yaralandı.

1984

Cammû ve Keşmir Kurtuluş Cephesi lideri Makbul Buti Delhi'de hapishanede asıldı. Keşmir'de geniş protestolar yapıldı. 2 Temmuz'da Keşmir hükümeti istifa etti. 13 Temmuz şehitler gününde sıkı yönetim ilân edildi. 31 Temmuz'da Faruk başbakanlığı G. M. Shah'a terketti.

1985 - 1987

7 Mart'ta G. M. Shah hükümeti düşürüldü ve 7 Kasım'da Faruk tekrar başbakan oldu. 15 Ağustos 1985'te Hindistan'ın bağımsızlık gününde polis Hindistan aleyhtarı göstericiler üzerine ateş açtı. Keşmir'deki on dört müslüman parti 19 Ocak 1986'da Birleşik Müslüman Cephe'yi kurdu. 23 Mart 1987'de seçimler yapıldı. Faruk otuz sekiz sandalye kazanırken Kongre

Partisi yirmi dört sandalye kazandı. 27 Mart 1987'de Faruk tekrar başbakan olarak yemin etti. Birleşik Müslüman Cephesi liderleri tutuklandı.

1988

Srinagar'da 10 Haziran'da pahalılığa karşı bir protesto yürüyüşüne polis ateş açtı. Üç kişi öldü. Bunu üç günlük genel bir grev izledi. 15 Ağustos Hint bağımsızlık gününü halk sıkıyönetim altında karşıladı. Başkan Ziyâülhak'ın bir uçak kazasında ölüm haberi üzerine 17 Ağustos'ta sokak gösterileri başladı. Ertesi gün dört gösterici polis tarafından öldürüldü. 26 Ağustos'ta üç kişi daha öldürüldü. 27 Ağustos'ta sıkıyönetim ilân edildi.

1989

Selman Rüşdi'nin Şeytan Âyetleri adlı kitabını protesto gösterileri Srinagar'da toplumsal bir gösteriye yol açtı. Polisle çatışan elli kişi yaralandı. Martta da protestolar ve polisle çatışmalar devam etti. 3 Nisan'da Keşmir gençliğinin rastgele tutuklanmasına karşın gösteri yapan kalabalıktan polise iki bomba atıldı. 7 Mayıs'ta Cammû ve Keşmir Kurtuluş Cephesi (JKLF) dört günlük bir grev ilân etti. 11 Temmuz'da General K.V Krishna, Jagmohan'ın yerine vali oldu. Cammû ve Keşmir

Kurtuluş Cephesi polis vahşetini protesto için 19 Ağustos'ta bir gün grev ilân etti. 20 Temmuz'da Ladak'ta olaylar çıktı. 15 Ağustos'ta Hint bağımsızlık gününde Srinagar'da bir gün grev yapıldı.

21 Ağustos'ta rejimin destekçilerinden Yusuf Halwai silâhlı adamlarca öldürüldü. 15 Eylül'de Hindû sağcı lider Jia Lav Taploa kimliği meçhul saldırganlarca vuruldu. 4 Kasım'da Cammû ve Keşmir Kurtuluş Cephesi lideri Makbul Buti'yi idama mahkum eden Neel Kanth Ganjov suikasta uğradı. 8 Aralık'ta Cammû ve Keşmir Kurtuluş Cephesi içişleri Bakanı Mufti Muhammed Sayeed'in kızı Rubaiya Sayyed'i kaçırdı. 13 Aralık'ta beş Cammû ve Keşmir Kurtuluş Cephesi'ne mensup beş tutukluya karşı Rubaiya salıverildi. 15 Aralık'ta bütün Keşmir'de sıkıyönetim ilân edildi. Polis beş kişiyi öldürdü.

1990

19 Ocak'ta Jagmohan tekrar vali oldu. Faruk Abdullah başbakanlıktan istifa etti. Jagmohan'ın dönüşü sert protestolarla karşılandı ve 20 Ocak'ta otuz beş Keşmirli öldürüldü. İki gün sonra güvenlik güçlerinin açtığı ateşle sekiz kişi daha öldü. 13 Şubat'ta Hindistan televizyonunun Srinagar istasyonu müdürü kimliği meçhul saldırganlarca öldürüldü. 16 Şubat'ta Cammû Keşmir Meclisi feshedildi. 6 Nisan'da Keşmir Üniversitesi rektör yardımcısı Müşirülhak ve diğer iki kişi Cammû ve Keşmir Öğrenciler Kurtuluş Cephesi tarafından

kaçırılarak 10 ve 11 Nisan'da katledildi. 21 Mayıs'taki cenaze töreninde güvenlik güçleri ateş açarak elli kişinin ölümüne sebep oldular. 25 Mayıs'ta Jagmohan istifa etti ve 26 Mayıs'ta Rajiv Gandhi ve V. P. Singh'in bir aralık güvenlik danışmanlığını yapan Chandia Saxena onun yerine vali oldu.

1991

5 Mayıs'ta Hindistan tarafından militan diye tanımlanan yetmiş üç Keşmirli ateşkes hattı yakınında katledildi. 8 Mayıs'ta güvenlik güçleri cenaze törenine ateş açınca elli kişi daha öldü.

1992

11 Şubat'ta Cammû ve Keşmir Kurtuluş Cephesi lideri Emânullah Han Âzâd Keşmir'de bir yürüyüşe önderlik ediyor. Ateşkes hattındaki çatışmalarda on iki kişi öldü. Yürüyüş hattın hemen yakınında durduruldu, birçok kişi tutuklandı. İki subaya ateş açmaya misilleme olarak 14 Nisan'da on dört Keşmirli öldürüldü. 15 Temmuz'da Cammû ve Keşmir Kurtuluş Cephesi ve devletin Pakistan'la birleşmesini isteyen birçok kişi polisle çatıştı. 14 Eylül'de Hindistan başbakanı 230 güvenlik görevlisi hakkında Keşmirli sivil halka aşırılıklarından ötürü soruşturma açıldığını açıkladı.

1993

7 Ocak'ta kırk Keşmirli güvenlik güçlerince öldürüldü. 12 Mart'ta General K. V. Krishna vali tayin edildi. Keşmir polisi Komiser Riyaz Ahmed'in Hindistan ordusunun elindeyken öldürülmesi üzerine 23 Nisan'da greve başladı. 1 Mayıs'ta bütün Sopore kasabası Hintli güvenlik kuvvetlerince başlatıldığına inanılan bir yangın sonucu yok oldu. Nisanda Cammû ve Keşmir Kurtuluş Cephesi dahil otuza yakın parti ve grup Srinagar'da bütün partiler Hürriyet Konferansı'nı kurmak için birleştiler, başlarına katledilmiş Mîr Vaiz Mevlânâ Muhammed Faruk'un oğlu Mîr Vaiz Ömer Faruk geçti.

Ekim-Kasımda Hintli güvenlik güçleri Keşmirli olan ve olmayan Afganlı ve Pakistanlılar'ın saklandıkları Hazratbal Mâbedi'ni sardılar. Muhasara nihayet müzakere yoluyla sonuçlandı ve saklananların serbestçe çekip gitmelerine izin verildi. Bu kriz esnasında Hürriyet Konferansı bir mâbedin muhasarasını protesto etmek üzere kitle boykotları, kamusal gösteriler ve protestolar organize ederek önem kazandı. Ekimde Amerika Birleşik Devletleri Güneydoğu Asya Dışişleri bakan yardımcısı Robin Raphal Washington'da muhaliflerle yaptığı bir söyleşide 1947'de mihracenin Cammû ve Keşmir'i Hindistan'a bağlamak üzere imzaladığı söylenen belgenin geçerli olması konusunda şüpheler izhar etti: "Biz Keşmir'i tartışmalı bir toprak olarak görmekteyiz ve bu bizim iltihak belgesini Keşmir'in bundan böyle Hindistan'ın ayrılmaz bir parçası olarak tanımadığımız anlamına gelir." Bu sözler Hindistan'da protestolarla karşılandı. Amerika Birleşik Devletleri Hindistan'ın iç işlerine müdahale ile itham edildi. Bundan sonra Amerikalı memurlar birçok sefer Amerika Birleşik Devletleri'nin Keşmir'i tartışmalı bir toprak telakki ettiğini söylediler.

1993 yılı içersindeki diğer gelişmeler şunlardı: Washington'daki Amerika Birleşik Devletleri Barış Enstitüsü, Hindistan, Pakistan ve Keşmir'in her iki tarafının etkin üyeleri arasında bir diyalog başlattı. Ortak bir Amerika-Rus heyeti Hindistan ve Pakistan'ı ziyaret etti ve iki ülke arasında daha çok iş birliği yapılmasını tavsiye etti.

Kaybedilmiş Cennet-Keşmir adlı bir kitap yazan Sugarman işgal altındaki Keşmir'i ziyaret etmek yasak olduğundan yerli ve yabancı gazetecilerin Hindistan baskısının hakiki durumunu tesbit edemediklerini belirtmektedir. Diğer taraftan Keşmir konusundaki haberlere sansür koyan Hindistan ise bölgenin gayri meşrû işgali için günde 3 milyon dolar harcamaktadır. Sugarman 1993'te Keşmir'i ziyaret ederek 3600 fotoğraf toplamış, vadide korkunç şartlar altında yaşayan her sınıftan halkla yüzyüze mülâkatlar yapmıştır. Hukuk, sağlık, ekonomi, eğitim gibi müesseselerin tamamen bozulduğunu görmüştür.[42]

1994

Hindistan Dışişleri Bakanı Salman Khurshid mart ayında Pakistanlı bir gazete muhabirine verdiği beyanatta Hindistan'ın Keşmir anlaşmazlığında Cammû ve Keşmir halkını taraf telakki etmediğini söyledi. Aynı yıl Minnesota Üniversitesi Asya etüdlerinden J. E. Schwartzberg, Avusturya modeline uygun bir Keşmir Özerk Cumhuriyeti kurulmasını önerdi.

1995

1 Ocak'ta İngiliz Dışişleri Bakanı Douglas Hurd Hindistan işgalindeki Keşmir'de şiddeti dışardan cesaretlendirmeye bir son vermek ihtiyacı olduğunu açıkladı. 9 Ocak'ta Hindistan Cammû ve Keşmir ülkesini geri ilân etti, ticaret ve iş âlemine vergi indirimi ve muafiyetleri sözü verdi.

12 Ocak'ta Keşmirli direnişçilerin bir saldırısına misillemede bulunan askerlere karşı geniş protestoların yer aldığı Güney Keşmir'deki Hint makamları sıkıyönetim ilân ettiler. 13 Ocak'ta Hindistan Başbakanı P. V. Naraşimha Rao Hindistan'ın Pakistan'la Keşmir anlaşmazlığının hallinde Amerika Birleşik Devletleri yardımını kabul edeceğini açıkladı, fakat iki ülkenin bundan sonraki anlaşmazlıklarını kendi aralarında çözmeleri gerektiğini ilâve etti. 16 Ocak'ta

Srinagar ve Doda'da Hindistan aleyhtarı büyük gösteriler yapıldı. 20 Ocak'ta Hindistan, Hint-Pakistan anlaşmazlığını üçüncü bir tarafın müdahalesi olmadan çözmek için Pakistan'a müzakerelere başlamak için ne gibi şeyler istediğini duymaya hazır olduğunu bildirdi.

21 Ocak 1995'te Dünya İnsan Hakları Denetleme Raporu (Human Rights Watch World Report) Hindistan hakkında işgal altındaki Keşmir'deki olayların Asya'daki en ciddi insan hakları durumu bulunduğunu belirtti. 22 Ocak'ta Hindistan İnsan Hakları Komisyonu 3007 Keşmirli müslümanın tutuklu olduğunu açıkladı. Hindistan'ın cumhuriyet gününü kutlamak için yapılan bir törende patlayan üç bomba sonucu sekiz kişi öldü, kırk kişi de yaralandı.

2 Mart'ta Amerika Birleşik Devletleri Dışişleri bakan yardımcısı Robin Raphel Keşmir'in tartışmalı bir toprak olduğunu ve meselenin çözümünde Keşmir halkının arzularının dikkate alınması gereğini söyledi. Milletlerarası Hukukçular Komisyonu'nun (International Commission of Jurists = CJ) bir raporu Cammû ve Keşmir'de Hint güvenlik kuvvetlerinin insan hakları ihlâllerinde bulunduklarını, adalet dışı idamlar, işkence, ev yakmalar ve ırza geçmeler konularında yoğunlaştığını açıkladı.

9 Mart'ta Birleşmiş Milletler İnsan Hakları Komisyonu'nun 51. toplantısında Cammû ve Keşmir'de insan hakları ihlâllerine dair bir muhtıra üzerinde çalışıldı. Amerika Birleşik Devletleri Dışişleri bakan yardımcısı Robin Raphel Keşmir

konusunda bu kararın çoktan beri beklenir olmakla beraber bu şekilde kalmayıp bölgenin bir bütün olarak uzun süreli istikrarının esas olduğunu söyledi.

17 Mart'ta Hindistan Amerika Birleşik Devletleri Temsilciler Meclisi. Asya ve Pasifik Alt Komitesi'nin bir toplantısında insan hakları bakımından şiddetle tenkit edildi. Amerika Birleşik Devletleri Dışişleri bakan yardımcısı John Shattock ve Asia Watch'ın direktörü Gendor Zevak Keşmir'de Hint kıtalarının artan vahşetlerini anlatırken derin üzüntü duyduklarını açıkladılar. Komiteye hitap eden Shattock Keşmir'deki durumu patlamaya hazır kaynayan bir yanardağa benzetti.

21 Mart'ta Danimarka insan hakları doktorları Hint işgalindeki Keşmir'de insan haklarının ihlâline dair dört rapor yayımladılar.

28 Mart'ta Hindistan yönetiminin müslümanların mukaddes şehri Srinagar'ın kuzeyindeki Chrar Şerif'e askerlerin girmeyeceklerine dair tekrarlanmış vaadlerine rağmen bazı Keşmirli mücahidlerin toplandıkları yer binlerce Hintli asker tarafından sarıldı. Muhafazakâr milletvekili Sir Frederick Bennett, Keşmir halkının yabancı bir egemenlikten başka bir yabancıya geçtiğini ve bu yenisinin İngiliz yönetiminden daha şiddetli olduğunu söyledi.

31 Mart'ta Amerika Birleşik Devletleri Dışişleri bakanı Waren Christopher bazı halledilemez sanılan problemlerinin son iki yılda hallinin Keşmir konusunda da bir çözümün

bulunabileceğine dair ümit verdiğini ifade etti. 1 Nisan'da Bütün Partiler Hürriyet Konferansı (APHC) Birleşmiş Milletler İnsan Hakları Komisyonu'ndan Cammû ve Keşmir'e Hindistan'ın baskıcı eylemlerini durdurmak için bir inceleme heyeti göndermesini istedi. 4 Nisan'da Alman Cumhurbaşkanı Roman Herzog Keşmir'in bölgede en önemli ihtilâf olduğunu ve orada kan akmasının durdurulması gereğini dile getirdi. 27 Nisan'da Hindistan'daki Avrupa Komisyonu'nun büyükelçileri Keşmir'deki krize bir çare bulmak için görüşmek üzere Keşmir Mukavemet liderleriyle buluştular.

9 Mayıs'ta Hint askerleri 650 yıllık Şeyh Nureddin Wali Mâbedi'ni ateşe verdi, yüzlerce ev yandı. 12 Mayıs'ta İslâm'ı Keşmir'e getiren ve çok sevilen bu zatın kabri tahrip edilince Hindistan aleyhtarı protestolar Keşmir'i sardı. Hindistan, Pakistan'ı Keşmir'deki mâbedin tahribinden sorumlu tuttu ve iç işlerine müdahaleye karşı şiddetli bir ihtarda bulundu.

İslâm Konferansı Teşkilâtı (OIC) Genel Sekreteri Dr. Hamid Al-Gabid, Keşmir konusundaki İslâm Konferansı Teşkilâtı Temas Grubu'nu New York'ta Şeyh Nureddin Wali'nin mezarının ve yanındaki Chrar Şerif Camii'nin kutsallığına saldırı ve tahribini görüşmek üzere acele bir toplantıya çağırdı.

16 Mayıs'ta Keşmir konusundaki İslâm Konferansı Teşkilâtı Temas Grubu Chrar Şerif'teki Hint askerî operasyonunu tel'in ve Hindistan kuvvetlerini Chrar Şerif'ten çekmeye davet etti. Amerika Birleşik Devletleri Kongresi de

resmî bir kararla Pakistan, Hindistan ve Keşmir halkının meşrû temsilcilerini Keşmir ihtilâfını barışçı yolla halletmek için müzakerelere girmeye davet etti. 17 Mayıs'ta Hindistan üçüncü devletin ara buluculuğunu kabul etmeyeceğini ilân etti. 18 Mayıs'ta Tüm Partiler Hürriyet Konferansı Yeni Delhi'nin Keşmir konusunda konuşulması teklifini reddetti. Konferans Yeni Delhi Keşmir'in tartışmalı bir toprak olduğunu kabul edinceye kadar hiçbir diyaloga girmeyeceğini açıkladı.

4 Temmuz'da eski Japon Başbakanı Tsutomu hâlâ Keşmir'in dikenli bir konu olduğunu ve Hindistan bu anahtar meseleyi çözmek için teşebbüslere girmedikçe barış Güney Asya'da tehdit altında kalacaktır dedi. 5 Temmuz'da beş yabancı turist Srinagar'dan 100 km. uzaklıktaki Pahalgam'dan kaçırıldı.

4 Ağustos'ta *Washington Post* gazetesi silâhlı kuvvetlerin Keşmir'deki hareket tarzı sebebiyle Hindistan'ı sertçe eleştirdi. 13 Ağustos'ta Batılı rehinelerden biri Hint işgalindeki Keşmir'de öldürülmüş olarak bulundu. Hindistan bu olaydan Pakistan'ı sorumlu tuttu. Tüm Partiler Hürriyet Konferansı Keşmir'de bir günlük protesto grevi çağrısı yaptı. 25 Ağustos'ta Keşmir'de çok geniş çapta bir askerî arama tarama yapıldı yüzlerce kişi askerlerin şiddet eyleminde yaralandı, geniş çapta tutuklamalar oldu. Srinagar Muslim Khawateen Merkez başkanı bayan Rulula Şahin Haskını son beş sene kadınları hedef alan Hindistan güvenlik güçlerine karşı dünya kamuoyunu Hindistan hükümetine baskı yapmaya çağırdı. Aynı zamanda Hindistan'dan Keşmirliler'in isteklerine saygı

göstermelerini istedi. 26 Ağustos'ta Tüm Partiler Hürriyet Konferansı 28 Ağustos'ta yapılacak seçimleri protesto için bir genel grev çağrısında bulundu. Seçimleri "işgal altındaki devleti bölmeye doğru utandırıcı bir adım" olarak niteledi. 30 Ağustos'ta Srinagar bölgesinde arama tarama yapıldı, bu da mâsum sivillerin tutuklanmasına ve birçok Hindistan aleyhtarı gösterinin yapılmasına yol açtı.

4 Eylül'de Srinagar'ın merkezinde bir bombanın patlaması sonucu on beş kadar kişi öldü ve yirmi kişi yaralandı. 7 Eylül'de Srinagar'da BBC ofisinde parça tesirli bir bomba patladı, aralarında BBC'nin Srinagar muhabiri Yusuf Jamil'in de bulunduğu üç kişi yaralandı. 9 Eylül'de bomba saldırısını kınamak için genel grev ilân edildi.

13 Ekim'de Tüm Partiler Hürriyet Konferansı Başkanı Mîr Vaiz Faruk Keşmir problemini çözmek için Hindistan'a altı maddelik bir barış planı sundu. İngiltere Parlamentosu İnsan Hakları Grubu Başkanı Eric Avebury Hint işgalindeki Keşmir'in durumunun modern zamanların en büyük trajedilerinden biri olduğunu belirtti ve mâsumun ezilmesini engellemek için âcil tedbirler istedi. 19 Ekim'de Hindistan Başbakanı P. V. Nasarima Rao Cammû ve Keşmir'in Hindistan'ın ayrılmaz bir parçası olduğunu ileri sürdü. Pakistan bu iddiayı reddetti.

15 Kasım'da İşgal altındaki Keşmir'in muhtelif yerlerinden alınan raporlara göre yedisi asker on altı kişinin çatışmalarda öldükleri açıklandı. 21 Kasım'da Hindistan ordusunun

çatışmalarda helikopterler kullandığı, aralarında yirmi üçü asker otuz dört kişinin yeni şiddet olaylarında öldükleri ve yirmi beş kişinin yaralandığı ifade edildi. 22 Kasım'da Birleşmiş Milletler'deki insan hakları konusundaki en yüksek yönetici Jose Ayala Lasso senelik raporunda Cammû ve Keşmir'de insan haklarının gelişmesi ve korunmasından, insan haklarının ihlâlinden sorumlu hükümet memurlarını cezalandırmak için gerekli tedbirleri almamasından Hindistan hükümetini sorumlu tuttu.

12 Aralık'ta İslâm Konferansı Dışişleri Komisyonu Cammû ve Keşmir anlaşmazlığını hal için ayrıntılı bir kararı kabul etti. 16 Aralık'ta Keşmir'de on iki kişi öldürüldü ve birçok kişi tutuklandı. 18 Aralık'ta Cammû ve Keşmir Kurtuluş Cephesi Başkanı Emânullah Han bazı etkin çevrelerin Keşmir sorununu devletin bölünmesi esasına göre çözmeye çalıştıklarını ve bütün vatansever Keşmirliler'i böyle sakat düşünceli gayretleri durdurmaya çağırdı. 20 Aralık'ta Hintli askerlerin ellerinde iken ölen üç kişinin ölümlerini protesto için yapılan bir gösteride Srinagar'da yüzlerce kişi sokağa döküldü. 23 Aralık'ta Tüm Partiler Hürriyet Konferansı, Hindistan'ın "artan ölümler ve işgal altındaki Keşmir'in tahribini durdurmak" için Birleşmiş Milletler'in, İslâm Konferansı Teşkilâtı'nın, Uluslar arası Af Örgütü ve diğer milletlerarası insan hakları kurumlarının müdahalesini istedi. 24 Aralık'ta Rusya Pakistan ve Hindistan'ın Keşmir anlaşmazlığını Simla Antlaşması'na göre müzakerelerle halletmelerini istedi ve iki taraf isterse ara bulucu olmaya hazır

olduğunu ifade etti. 31 Aralık'ta Keşmir Monitoring Forum'a göre Hintli askerler 1995'te 3000 Keşmirli'yi hürriyet mücadelesini yok etmek için imha ettiklerini açıkladı.

1996

1 Ocak'ta sekiz Hindistan Kamu Hürriyetleri ve Demokratik Haklar Örgütü, "Hint işgali altındaki Keşmir'de ölenlerin büyük çoğunluğu Hindistan Güvenlik güçlerinin işidir ve her ay çatışma ve hapishanelerde 300 ölüm vakası oluyor" iddiasında bulundu. 6 Ocak'ta Keşmir vadisinin güneydoğusundaki Doda kasabasında hüviyetleri tesbit edilemeyen silâhlı kişiler on altı kişiyi öldürdü. 19 Ocak'ta İngiliz İşçi Partisi liderleri Keşmir anlaşmazlığının halli için Hindistan'ın Pakistan'la ihtilâf çözücü bir diyalog için bir araya gelmesi ümidini ifade ettiler. Gölge Dışişleri Bakanı Robin Cook Simla Andlaşması'nın imzalanmasından yirmi yıl sonra Keşmir probleminde bir çözüme ulaşmak için hiç ilerleme kaydedilememesinden üzüntü duyduğunu açıkladı. Cook Keşmir konusundaki Birleşmiş Milletler kararlarının hâlâ geçerli olduğunu ve öyle kalacağını ilâve etti.

19 Şubat'ta Hint kıtaları Srinagar'daki Saura bölgesi halkının barışçı göstericilerine ateş açtı, pek çok kişi yaralandı.

12 Mart'ta Tüm Partiler Hürriyet Konferası'nın önde gelen liderleri Syed Ali Gilani, Khwaja Abdul Ghani Lone,

Mohammad Yasin Malik ve Javed Mir bir basın toplantısında Keşmir'de insan hakları için çalışan bir örgüt olan Hukukçular Komisyonu Başkanı Jalil Andrabi'nin hayatı hakkında ciddi endişelerini izhar ettiler. 15 Mart'ta bazı Keşmirli liderlerle Hindistan hükümeti arasındaki doğrudan görüşmeleri protesto için Keşmir Vadisi'nde bir genel grev başlatıldı. 25 Mart'ta Keşmir'deki en kutsal İslâm mâbedi Hazratbal etrafında süresiz bir sokağa çıkma yasağı ilân edildi. Polisler camide saklanan pek çok silâhlı kişiye spikerlerle teslim ol çağrısında bulundu. 2000 polis ve asker mâbedi muhasara altına aldı. 31 Mart'ta Hint kıtaları Srinagar yakınındaki bir evi havan topları ile havaya uçurdu. Cammû ve Keşmir Kurtuluş Cephesi Başkanı Shabir Ahmad Siddiqui ve diğer yirmi dokuz Keşmirli öldü.

7 Nisan'da Hindistan Başbakanı Narasimha Rao ülkesinin Pakistan'la Keşmir dahil bütün konularda hiçbir önşartsız diyaloga girmeye hazır olduğunu, fakat üçüncü bir tarafın ara buluculuğunu kabul etmeyeceğini açıkladı. 15 Nisan'da Keşmir'de devam eden çatışmalarda dokuz Hindistan askeri ile yirmi yedi Keşmirli öldü.

17 Mayıs'ta New York'taki The Human Rights Watch Hint işgali altındaki Keşmir'de durumun yeni Hint hükümetinin isyanı bastırmak için operasyonlarda kullandığı gayri muntazam milisleri silâhlandırması ve koruması sonucu çok bozulduğunu bildirdi. Hindistan'ın Keşmir'deki gizli ordusu; "ihtilâfta yeni suistimaller su yüzüne çıkıyor" başlıklı bir raporda The Human Rights Watch belgeleri Hintliler'in

destekledikleri milislerin gazetecilere, insan hakları aktivistlerine ve sağlık işçilerine yaptıkları yaygın suistimaller açıklandı.

7 Haziran'da Tüm Partiler Hürriyet Konferansı Başkanı Mîr Vaiz Omer Farooqhi Keşmir'in tartışmalı bir ülke olduğunu ve Tüm Partiler Hürriyet Konferansı'nın Keşmir'i tartışmaya taraf olduklarını kabul ettiği takdirde Yeni Delhi ile bir diyaloga girmeyi istediğini beyan etti. 22 Haziran'da Pakistan Başbakanı Benazir Bhutto Cammû ve Keşmir Devleti'nin Birleşmiş Milletler vesayeti altına alınması önerisini reddetti.

1 Ağustos'ta Hindistan Başbakanı H. D. Deve Gowda Pakistan'ı Keşmir'de hürriyet mücadelesini destekleyerek memleketine karşı bir soğuk harp açmakla itham etti.

1997

30 Ocak'ta Amerika Birleşik Devletleri Dışişleri Bakanlığı İnsan Hakları Raporu'nda, Hindistan ağır eleştiriye tâbi tutuldu.

17 Şubat'ta Hindistan Başbakanı H. D. Deve Gowda, daha önce Pakistan'la, "Keşmir istisnası" ile her meseleyi konuşmaya hazır olduklarını söylediklerini hatırlatarak, uzun süredir askıda kalmış Hint-Pakistan diyalogunun resmen başlatılmasını istedi. 24 Şubat'ta Hindistan'ın Keşmir meselesinde bir değişiklik düşünmediği belirtilerek,

başbakanın sözleri yalanlandı.

3 Mart'ta Keşmir liderlerinden Sabir Ahmed Şah, "Devletin bölünmesi teklifi Cammû ve Keşmir halkı tarafından asla kabul edilemez ve biz her zaman buna karşıyız" dedi. 28 Mart'ta Hindistan ve Pakistan dışişleri bakanları görüştüler. Bu, 1994'ten beri ilk defa vuku buluyordu. Pakistan sözcüsü, "En önemli mesele Keşmir idi" dedi.

5 Mayıs'ta Hindistan'ın kontrolündeki Keşmir'in Başbakanı Faruk Abdullah gazetecilere, "Pakistan ve Hindistan başbakanları arasında yapılacak müzakereler Keşmir anlaşmazlığına bir çözüm getirmeyecektir" dedi. 6 Mayıs'ta Avrupa parlamentosu, Keşmir'de insan haklarıyla ilgili ciddi endişelerini belirtti. Pakistan ve Hindistan'dan meselenin müzakere yoluyla çözülmesi konusundaki gayretlerinin devamını istedi. 13 Mayıs'ta Maldivler'de buluşan Pakistan Başbakanı Navaz Şerif ve Hindistan Başbakanı Inder Kumar Gujral, iki ülke arasında elli yıldır çözülemeyen bütün meseleler için çalışma grupları kurmayı kararlaştırdılar. 23 Mayıs'ta Birleşmiş Milletler Genel Sekreteri Kofi Annan, Pakistan Dışişleri Bakanı Gohar Eyûb Han'la konuşmasında, "İki ülke arasındaki Keşmir anlaşmazlığına bir çözüm bulmak için tavassutta bulunacağı" teminatını verdi.

Eylül'de Hindistan hükümet sözcüsü Kulbushan Jindiyal, bir önceki yılla mukayese edildiğinde, Keşmir'de 1997 yılında daha az cinayet olduğunu belirtti. Sözcü, Eylül 1997 sonuna kadar, dokuz ayda 1536 sivil, 130 asker ve 170 gerillanın öldüğünü söyledi. 1996'nın ilk dokuz ayındaki zayiat ise 2284 sivil, 125 asker ve 128 militandı.

Pakistan ile Hindistan arasında üçüncü seri görüşmeler 7 Ekim 1997 tarihinde Yeni Delhi'de başladı.

7 Ekim Salı günü Yeni Delhi'deki Pakistan elçiliğinde Keşmirli liderler Mîr Vaiz Omar Faruk, Abdülgani Lone ve Prof. Abdülgani Bhat ile bir toplantı yapan Pakistan Dışişleri Bakanı Shamshad Ahmad bir kez daha Keşmirlilerin istek ve arzularını tesbit etti.[43] 9 Ekim'de İngiltere Dışişleri Bakanı Robin Cook, Pakistan Başbakanı Navaz Şerif ve Dışişleri Bakanı Gohar Eyûb Han'la yaptığı toplantıda, Cammû ve Keşmir'de "âdil bir çözüm"e ulaşmak için ara buluculuk teklifinde bulundu. Yeni Delhi ise, İngiltere'ye, Keşmir anlaşmazlığında ara buluculuk yapmamasını ihtar etti. Hükûmet sözcüsü, üçüncü tarafların tavassut veya aracılıkta bulunmasının kabul edilemeyeceğini, buna ihtiyaç duymadıklarını açıkladı. 12 Ekim'de Srinagar'daki tarihî Cuma Camii'nin Hintli askerler tarafından kirletilmesi, Hindistan aleyhine kızgın gösterilere sebep oldu. 19 Ekim'de Hindistan Başbakanı Inder Kumar Gujral'ın ziyareti sebebiyle, Keşmir vadisinde bir grev hayatı etkiledi. Pazarlar, iş merkezleri kapandı, nakil vasıtaları çalışmadı. Halk, Srinagar'da birçok yerde gösteriler yaptı ve Hindistan aleyhinde sloganlar attı. Polisle çıkan çatışmalarda yüzlerce insan yaralandı.

1998

5 Ocak'ta bütün dünyadaki Keşmirliler, Keşmir'dekiler ve Pakistan'dakiler "Mukadderatını Kendin Tayin Et" günü dolayısıyla toplantılar düzenleyerek, dünyanın ilgisini çekmeye çalıştılar. 26 Ocak'ta "Hindistan cumhuriyet günü" dolayısıyla büyük bir grev yapıldı ve Keşmir'de bir köyde katledilen yirmi üç Hindû'nun cesetleri parçalandı.

4 Şubat'ta Bütün Partiler Hürriyet Konferansı'nda, Yeni Delhi, Cammû ve Keşmir'de terör rejimi kurmakla suçlandı. Keşmirli liderler, "Vahşî baskı Yeni Delhi'nin Keşmir politikasıdır" dediler. 25 Şubat'ta şiddetli sokak çatışmaları meydana geldi, aralarında yedi Hint askerînin de bulunduğu on altı kişi silâhla taranarak öldürüldü.

19 Mart'ta Cammû ve Keşmir Valisi K. V. Krishna, Hindistan kuvvetlerinin birçok defa Keşmir halkını öldürmekten sorumlu bulunduklarını kabul etti ve bu olaylardan büyük üzüntü duyduğunu belirtti. 28 Mart'ta Keşmir Barosu'nun yayımladığı bir belgeye göre, Hint kıtaları 1997 yılında 793 sivili öldürdüler. Bunlardan 410'u tutuklu idi. Ayrıca 706 evi de yıktılar.[44]

14 Nisan'da İngiliz parlamenter Gerald Kaufmann, "irade harici ve zorla kaybolma" konusundaki bir milletlerarası seminerde, Hindistan'ın elinde bulunan Keşmir'de, mahallî ayaklanmalarda 10.000 kişinin kaybolduğunu açıkladı.

Kaufmann, ailelerin büyük üzüntü içinde olduğunu ve kaybolmaların devam ettiğini sözlerine ekledi. 15 Nisan'da İslâm Konferansı Teşkilâtı Temas Grubu, yayımladığı muhtırada, Cammû ve Keşmir'de gayri insanî vahşeti açıkladı ve anlaşmazlığın Birleşmiş Milletler kararlarına göre halledilmesini istedi. Amerika Birleşik Devletleri, İnsan Hakları Komisyonu'nun Cenevre'deki 54. toplantısında, İslâm Konferansı Teşkilâtı muhtırasını bir insan hakları belgesi olarak kabul etti. Avrupa Birliği de, Hint işgalindeki Keşmir'de insan hakları ihlâllerine dikkati çekerek, Yeni Delhi'den, bölgeye milletlerarası ve hükümet dışı örgütlerin girmesine izin vermesini istedi. 21 Nisan'da Milletlerarası Barış Bürosu (IPB), Birleşmiş Milletler İnsan Hakları Komisyonu'na başvurarak, Hindistan kuvvetleri elinde facia yaşayan Keşmirli çocuklar için müdahalede bulunmasını talep etti. Bir Milletlerarası Barış Bürosu temsilcisi, on yaşındaki çocuklara işkence edildiğini ve keyfî tutuklamalar yapıldığını söyledi. Aynı temsilci, Hint askerlerinin dokuz yaşındaki kız çocuklarının da ırzına geçtiğini bildirdi. 27 Nisan'da Âzâd Keşmir'in ücra bir köyünde, yirmi bir köylü, kimlikleri belirlenemeyen saldırganlar tarafından yataklarında öldürüldü.

8 Mayıs'ta Pakistan Enformasyon Bakanı Mücahid Hüseyin, Londra'da CNN televizyonuna verdiği mülâkatta, "Keşmir ayaklanması bir halk hareketidir. 1989'dan beri gelişmektedir ve mahallîdir. Biz onlara sadece siyasal ve diplomatik destek veriyoruz" şeklinde konuştu.[45] 9 Mayıs'ta

Hindistan İçişleri Bakanı Lai Krişna Advani, Pakistan'ı "Hindûlar'ı öldürerek Keşmir'i temizlemeye çalışmakla" itham etti. 19 Mayıs'ta Pakistan Başbakanı Navaz Şerif, Hindistan'ın Âzâd Keşmir'e saldırı tehditleri karşısında, Pakistan'ın eli kolu bağlı oturmayacağını bildirdi. 24 Mayıs'ta Hint işgalindeki Keşmir'in başbakanı Faruk Abdullah, Hindistan'ın, Keşmir'deki yabancı savaşçılara karşı büyük bir taarruza hazırlandığını kaydetti. 30 Mayıs'ta Pakistan'ın 28 Mayıs'taki nükleer denemelerine cevap veren Hindistan, İslâmâbâd'ı, Keşmir'i ilhak etme hususundaki herhangi bir teşebbüse karşı uyardı, böyle bir macera teşebbüsünün derhal karşılanacağını ve durdurulacağını belirtti. Parlamentonun her iki meclisinde konuşan Başbakan Atal Behari Vajpayee, yine diyaloga hazır oldukları mesajını verdi, fakat Pakistan'ın "Keşmir'i ele geçirmek ihtirasından" vazgeçmesini söyledi.[46]

2 Haziran'da Japonya Dışişleri bakanı, Hindistan'la Pakistan arasındaki Keşmir anlaşmazlığını çözmek için bir milletlerarası konferans toplanması teklifinde bulundu. 4 Haziran'da Amerika Birleşik Devletleri Dışişleri Bakanı Madeleine Albright, ülkesinin, Hindistan'la Pakistan arasındaki meseleleri -Keşmir de dahil olmak üzere- "tekrar incelediğini" söyledi. Hindistan başbakanı ise, iki ülke arasındaki bütün meseleleri konuşabileceklerini, ancak üçüncü tarafların ara bulucuğunu reddettiklerini tekrarladı. 7 Haziran'da Hindistan işgalindeki Keşmir'in başbakanı Faruk Abdullah, Pakistan'ın Âzâd Keşmir'i boşaltmasını istedi. Navaz Şerif'e seslenen Faruk Abdullah, "Âzâd Keşmir'i artık

Pakistan'ın parçası gibi telâkki etmeye son verme zamanının geldiğini" sözlerine ekledi.

1998'in Ağustos ayında Keşmir meselesinden dolayı Hindistan ve Pakistan silâhlı kuvvetleri arasında çatışmalar çıktı. Keşmirliler eğer Keşmir ayrılırsa bu Hindistan'ın parçalanmasına yol açar görüşünü kabul etmemektedirler. Bütün Partiler Hürriyet Konferansı Başkanı Ömer Faruk, "Bizim bir hukuk davamız var, bunu Birleşmiş Milletler kararı desteklemektedir. Hindistan laik olduğunu göstermek bahasına Keşmir'i elinde tutamaz. Hindistan'da 100 milyon müslüman var, bunlar Hindistan'ın laik sayılmasına yeterlidir" demiştir. Keşmirliler ayrıca bağımsızlık mücadelelerinin dünya kamuoyunca yanlış anlaşıldığından yakınmaktadırlar. "Mücadelemiz bir terörist ve köktendinci İslâm hareketi olarak gösterilmeye çalışılmaktadır. Bizler fanatik değiliz" diyen Ömer Faruk Keşmir sorununun ancak milletlerarası toplumun baskısı ile çözümlenebileceğini, Bosna, İrlanda, Ortadoğu gibi konuların çözümlenme yoluna girdiğini, milletlerarası toplumun Keşmir meselesinin çözümlenmesinde yardımcı olacağı hususunda büyük ümitlerinin var olduğunu ifade etmiştir.

Keşmir Üniversitesi İngilizce Profesörü Dr. Hamid Bano, "Eğer Berlin duvarı yıkılabildiyse kontrol hattı da yıkılabilir" demiştir. Konuyu inceleyen Milletlerarası Hukukçular Komisyonu (ICJ) raporunda, "Taksim sebebiyle Cammû ve Keşmir halkı sahip oldukları kendi kaderini tayin hakkını kullanmamışlardır. Keşmirliler kaderlerini kendilerinin tesbit hakkını kullanmadıkça konu sonuçlanamaz. Eğer bu nesil susturulursa gelecek kuşak tarihi öğrenecek, halk oylamasının yapılması için hatta silâha sarılacaktır" demektedir.

Hindistan Keşmir problemini Pakistan'ın çıkardığını iddia etmektedir. Halbuki Hintli George Fernadez'in 1990'da söylediği gibi, "Keşmir meleseni hiçbir yabancı çıkarmadı, onu biz icat ettik" demiştir.[47]

1951 ile 1998 yılları arasında Hindistan işgalindeki Keşmir'de on yedi seçim olmuştur. Bunlardan dokuzu Cammû ve Keşmir eyalet meclisi için, sekizi de Hindistan millet meclisi için yapılmıştır. Keşmir'deki her seçim ayırım gözetmeksizin, Yeni Delhi'deki ya da eyalet parlamentosundaki hile ile gerçekleştirilmiştir. Ünlü Keşmirli politik ve entelektüel eylemci Prem Nath Bazaz'a göre; bağımsızlıktan sonra Cammû ve Keşmir'in yöneticileri olması gerektiği gibi halk tarafından seçilen temsilciler değillerdi, merkez Kongre hükümetinin seçtiği adaylar ve torpillilerdi. Hindistan işgali altındaki Keşmir'de dokuzuncu Hindistan millet meclisi seçimleri Eylül 1999 başlarında yapılacak olup geçmişteki diğer hileli seçimlerden pek farklı olacağı sanılmamaktadır. Keşmir'deki Tüm Partiler Özgürlük Konferansı adlı otuzdan fazla siyasî partinin temsil ettiği grup, işgal altındaki Keşmir'de temsilî bir hükümet olduğunu göstermek için Hindistan'ın bu aldatıcı seçimini boykot edeceklerini açıkladı.

1998 Ekim ayında Birleşmiş Milletler genel kurul

toplantısında Navaz Şerif, Hindistan Başbakanı Atal Behari Vajpayee ile görüştü. İki lider Keşmir sorunu ve diğer meselelerin barış yoluyla çözümü konusunda görüş birliğine vardılar. Barış çabaları 20 Şubat 1999'da Hindistan başbakanının otobüsle Pakistan'a gitmesiyle doruğa çıktı. Vajpayee Vagah sınırına otobüsle gelişinden önce yola çıkarken yaptığı açıklamada, "Pakistan halkına geçmişteki acıları bir kenara bırakıp birlikte yeni bir başlangıç yapalım" mesajı verdi. İki başbakan Vagah sınır kapısında karşılaştıklarında samimi bir şekilde kucaklaştılar ve iki ülke arasında uzun süredir sorun olan Keşmir konusu görüşüldü.[48] Ancak Hindistan Keşmir'in kendisine ait bölümünde mevzilenen ve Pakistan yanlısı olduklarını ileri sürdüğü müslüman gerillalara karşı yeni bir kara ve hava harekatına başladı.[49]

12 Ekim 1999 Salı günü Pakistan'da bir darbe oldu. Başbakan Navaz Şerif'in Genel Kurmay Başkanı Orgeneral Pervez Müşerref'i görevden alması üzerine ordu yönetime el koydu. Bu olaya Keşmir konusunun sebep olduğu bildirildi. Devrilen Navaz Şerif'in Keşmir konusundaki resmî görüşü bir Pakistan belgesine göre şöyledir: "Keşmir Vadisi'nin Pir Pançal sıradağlarının kuzeyiyle sınırlı olan özgürlük mücadelesi, şimdi güneydeki Doda, Rajauri, Udhampur, Cammû ve Punç'a kadar yayılmıştır. Pakistan Keşmirliler'e sadece mânevî, diplomatik ve politik destek veriyor. Hindistan'ın Keşmirliler'in özgürlük mücadelesini Pakistan'ın ve Afganistan'daki Taliban'ın desteklediği yolundaki iddiaları,

kendisinin Keşmir'de uyguladığı baskıları saklamaya yönelik bir propagandadır".

Krizin asıl sebeplerini iyice anlayabilmek için bazı coğrafik notlara ihtiyaç vardır Hindistan işgali altındaki Keşmir üç farklı bölgeye ayrılabilir: Pir Pançal sıradağlarının güney bölgesi, müslümanların Hindûlar'a oranla daha küçük bir çoğunluk oluşturdukları Cammû, Punç, Racauri ve Udhampur gibi önemli kasabalarla nüfusun % 90'ının müslüman olduğu başkenti Srinagar ve diğer önemli yerleri Kupuara, Baramula ve Anantnag olan Pir Pançal sıradağlarının kuzeyi (Keşmir Vadisi) ve Zaskar sıradağları ve Zacila Geçidi'nin doğusunda kalan Leh(Ladakh) bölgesi. Nüfusun % 54'ü Budist ve % 45'i müslüman; sonuncusu Şiîlerin çoğunlukta olduğu Kargil ve Dras bölgeleridir. Hindistan ve Pakistan arasındaki sınır çoğunlukla uluslararası bir sınır olarak tanındığı halde Âzâd Keşmir ile Hindistan işgalindeki Keşmir arasında hiçbiri uluslararası olmamak üzere üç tane sınır vardır:

-Kontrol Hattı (KH) (eskiden Ateşkes Hattı olarak biliniyordu). Ateşkes Hattı Cammû ve Keşmir eyaletinde ilk olarak 1948'de Karaçi Antlaşması'na göre çizilmişti ve sonradan 1973'te Simla Antlaşması altında Kontrol Hattı olarak çizildi:

-Çalışma Sınırı (ÇS). Bu Pakistan topraklarıyla Hindistan işgalindeki Keşmir arasındaki 200 kilometrelik sınırı belirlenmemiş sınır. Thaku Çak köyünün güneyinden Kontrol Hattı'nın güney uç sınırından Hindistan-Pakistan uluslararası sınırındaki bir numaralı sınır direğine kadar uzanmaktadır.

-Temas Hattı (TH). Bu Kontrol Hattı'nın (Ateşkes Hattı) NJ 9842'den kuzeydoğuya Karakorum Geçidi'ne uzatılmasını istediler. Fakat Hintliler Simla Antlaşması'nı ihlâl ederek Siacen Buzulu bölgesini işgal ettiler. Böylece Pakistan'la bugüne kadar süren anlamsız bir sorun çıkardılar. Hindistan'ın Pakistan taraftarlarının Kontrol Hattı'na sızdıkları, hatta Pakistan ordusunun onları desteklediği ve kendisinin de Kontrol Hattı'nı geçtiği yolundaki iddiaları haksız ve yanlış bilgilendirmelerdir.

Dünya liderleri değişik zamanlarda ve çeşitli vesilelerle Güney Asya'daki durumla ilgili kaygılarını dile getirmiştir. Barışın tüm yolları Keşmir'den geçer. Hindistan askerî çözümün yararsızlığını anlamalıdır. Keşmirliler direnişlerinin son on bir yılında iradelerine pranga vurulamayacağını apaçık ortaya koymuşlardır.

Keşmir'in Kargil bölgesindeki birlikler Hindistan'ın "paralı asker" dedikleri değil, Keşmirli özgürlük savaşçılarıdır. Hindistan Keşmir'i son elli yıldır işgal etmiş durumdadır. Birleşmiş Milletler'in 1948'de zorladığı manifesto Keşmirliler'in isteklerini dile getirmeleri için Hindistan tarafından reddedildi. Bugün eğer Keşmir'de savaş varsa bu Pakistan'dan sızıntı olduğu için değil, Keşmir halkının Hindistan zulmüne daha fazla katlanmadığı içindir.[50]

Keşmir'in benzeri bir durumda olan Doğu Timor halkı Birleşmiş Milletler barış gücünün bölgeye gelmesi neticesinde rahat bir nefes aldı. Keşmir'de ilk çatışmalar başlayıp durum kendi aleyhine cereyan edince Hindistan Birleşmiş Milletler'e başvurmuş ve yenilgisini engellemek için çözüm önerilerini kabul etmişti. Birleşmiş Milletler'in ateşkes ve halk oylaması çözümlerini daha sonra uygulamadı ve Keşmir halkı zulüm çekmeye devam etti.

Doğu Timor ve Kosova'da etkin rol oynayan Amerika Birleşik Devletleri ile dünya devletleri Cammû ve Keşmir'de ne yazık ki bu başarıyı gösteremedi.[51]

2000 - 2001

Barış, Keşmir'den gelir (1)

Hindistan ile Pakistan arasındaki ihtilâfın temel kaynağı

Resmî dilde Pakistan İslâm Cumhuriyeti, Hindistan yarımadasının kuzeybatısında 796.095 km² bir alanı kaplar. Nüfusu 130 milyon kadardır. Batısında İran, kuzeyinde Afganistan, Tacikistan ve Çin, doğu ve güneydoğusunda Hindistan vardır.

Pakistan, coğrafî bakımından altı bölgeye ayrılabilir: Kuzey dağları, bu dağların eteğindeki platoluk bölge, İndus ovası, Belucistan platosu, Batı dağları ve çöller.

Pakistan dağları, vadiler, göller ve buzullarla bir rüya ülkesi, yeşil ovalar, binlerce akarsu ve yüzlerce tezat, misafirperver, büyük Türk dostu güleryüzlü bir halktan oluşuyor.

Dağlar ve Dost İnsanlar

Pakistan'ın beş büyük nehrinden birisi olan Ravi (diğerleri Satleç, Beas, Çinâb ve İndus'tur, bunlara Pencap nehirleri de denir), Bâbürlü Prens Kamran'ın inşa ettiği Baradari şehri yanından akmaktadır.

Dünyanın en yüksek ikinci dağı K-2 Karakurum dağ silsilesinin yüksek zirveleri arasında boyunu göstermektedir. Himalayalar'ın büyük kısmı da Pakistan sınırları içindedir.

Çin-Pakistan sınırındaki Sost köyünde ise en güzel şeftali bahçeleri, sonbaharda arkadaki dağlarla nefis bir manzara vermektedir.

Pakistan'ın en yüksek ikinci dağı Nanga Parbat, 8126 m. ile Himalaya silsilesinin yüksek dağlarından biridir. Eteklerinde yemyeşil kamp alanı uzanır. Pakistan bir güzel dağlar, dost insanlar ülkesidir. Hunza Mirîn'in 1930'da inşa ettiği çok zarif saray, manzarayı daha da güzelleştirir. Karlı zirvelerle çevrili Hunza dağında vadiler ve güzel çiçekler çok boldur. Hunza doğal güzelliği ve sükûneti ile meşhurdur.

General Pervez Müşerref

Orgeneral Pervez Müşerref başkanlığındaki mevcut Pakistan hükümeti, iş başına geldiğinden beri Hindistan'a Keşmir konusunda anlamlı diyalog önermiş, ancak Hindistan bunu hep soğuk karşılamış ve hatta olumsuz davranmıştır. Birleşmiş Milletler Güvenlik Konseyi'ne dâimî üye olmak isteyen bir ülkeye böyle bir davranış doğrusu hiç yakışmıyor. Onun için Birleşmiş Milletler'in etkinliği ve ciddiliğine inananlar bu hususta ortak ve kararlı hareket etmeli ve Hindistan'a Keşmir sorununu çözmek için baskı yapmalıdır.

"Keşmir'le Dayanışma Günü" olan 5 Şubat'ta, Pakistan hükümeti bir seminer düzenledi. Buna on üç ülkeden yazarlar, gazeteciler ve ilim adamları davet edildi. Çin, Endonezya, Sri Lanka, Tibet, Bengladeş, Mısır, Suudi Arabistan, İngiltere, Amerika Birleşik Devletleri, Nepal, İsviçre ve Türkiye. Türkiye'den sadece ben vardım.

3 Şubat günü "baş yönetici" (Chief Executive) General Pervez Müşerref'i ziyaret ettik. Hepimizin elini sıkarken, "Generalim ben Türkiye'denim" diye kendimi tanıtınca, çok güzel bir Türkçe ile, "Nasılsınız efendim?" diye hatırımı sordu. Yaklaşık bir saat süreyle önce o konuştu, sonra sorular soruldu. Bunlara kısaca değineceğim.

General Müşerref salondan giderken, bu sefer Türkçe "güle güle" dedim. General Müşerref durdu ve, "Güle güleyi sizin değil benim demem lâzım. Zira siz geldiniz, gidiyorsunuz" diyerek, Türkçe'yi iyi bildiğini gösterdi.

Keşmir konusunun, Pakistan'ın yegâne hakiki sorunu olduğunu belirten General Müşerref, "Bunun halli, Güney Asya'nın barışı ve refahı için elzem" dedi.

Baş yönetici, Hindistan'la Pakistan arasındaki en önemli ihtilâfın Keşmir davası olduğunu, Pakistan'ın diyalog için hazır olduğunu, fakat Hindistan'ın buna yanaşmadığını söyledi. General Müşerref, Hindistan'ın Pakistan'ın istikrarını her vasıta, hatta askerî yolla dahi bozmaya çalıştığını sözlerine ekledi. Pakistan'ın itidal politikası güttüğünü ama Hindistan'ın geçen de yaptığı gibi onbeş-onaltı kişilik bir mevziye taarruz edebileceklerini açıkladı.

Amerika Birleşik Devletleri Başkanı Bill Clinton'ın Asya gezisinde sadece Hindistan'ı ziyaret edip Pakistan'a uğramamasının "üzücü" olduğunu, barışa ve gerginliğin azalmasına yardım etmeyeceğini, aksine Güney Asya'da gerginliği arttıracağını söyledi. Clinton'ın, Güney Asya'ya seyahatinin temel gayesinin barışa hizmet etmek olduğunu, bunun da ancak Hindistan ve Pakistan barışa doğru ilerleme kaydederlerse mümkün olacağını ilâve etti.[52]

Terör dehşetiyle 'mücadele zor' (2)

Komşu ülkelerle terör tedbirlerinde iş birliğine gidilecek. Baş yönetici General Pervez Müşerref, hükümetin birçok tedbir alarak terörizmle mücadele edeceğini fakat bunun zor olduğunu belirtirken, mücahid örgütlerin ise terörizm yapmadıklarını söyledi.

Müşerref, Afganistan'a yapacağı ziyarette terörizmi ele alacaklarını kaydederken, Taliban Yüksek Konsey Başkanı Molla Muhammed Rabbani ile konuştuğunu, terörizmle mücadele için ortak bir strateji kullanacaklarını, ayrıca Taliban'ın yüksek lideri Molla Ömer'le de görüşeceğini açıkladı.

Eğitimde Reform

Müşerref, ülkede "fakirliği azaltmak programı"na göre, projelerin uygulanacağı on-on iki bölge seçileceğini ifade etti.

Pakistan'da okuma yazma seviyesinin çok düşük olduğunu, memlekette iki türlü eğitimin revaçta olduğunu, birincisinin normal ve İngiliz okullarında resmî eğitim olduğunu, diğerinin ise medreselerde yapıldığını söyleyen Müşerref, "Genellikle fakir halk çocuklarını iyi bir sosyal gelenek olan dinî eğitim için medreselere yollamaktadır, fakat bu gibi müesseseler sadece dinî eğitim vermektedir" dedi. General Müşerref, Millî Güvenlik Kurulu'ndan Dr. Mahmud

Gazi'nin dinî eğitimin ıslahı için hükümete yardım ettiğini de sözlerine ilâve etti.

Okur Yazarlık Oranı

Baş yöneticiye göre okur yazarlık oranı iki metotla arttırılabilir. Biri memleketin en kuytu, en ücra yerinde hazır bulunan silâhlı kuvvetler yoluyla, diğeri de camilerde açılacak okullarlarla. General Müşerref, hükümetin en sonunda dinî ve normal eğitimi birleştirmek istediğini de sözlerine ekledi.

Basına Tam Hürriyet

Medya konusundaki bir soru üzerine, "Medyadan şikâyetim yok, biz politikacı değiliz, onun için medyanın farkında değiliz. Hükümet basın hürriyetine inanmaktadır ve millî basına tam hürriyet vermiştir" diyen General Müşerref, televizyon kanallarının özelleştirilmekte olduğuna da dikkati çekti. Müşerref, "Bu basın hürriyetine doğru büyük bir adımdır" diye konuştu.

Hindistan uçağının kaçırılışında Pakistan televizyonunun çok iyi iş gördüğünü ve bununla iftihar ettiğini vurgulayan Müşerref, "Mamafih hükümet aleyhtarı unsurlarla devlet aleyhtarı unsurları ayırmak gerekir. Beni eleştirebilirsiniz, hükümeti eleştirebilirsiniz. Fakat kimse devleti eleştiremez, buna müsaade etmeyiz" ifadesini kullandı.

KEŞMİR

Hindistan'a sorumluluk çağrısı

Müşerref'ten sonra Dışişleri Bakanı Abdüssettar'ı ziyaret ettik. Sorunlu bölge Keşmir'i Dışişleri bakanı şu sözlerle anlattı: "Elli iki yıl önce Pakistan ve Hindistan bağımsızlıklarına kavuşmuşlardır, ancak Keşmir halkı özgürlük yüzünü görememiştir. Keşmirliler'e bazı sömürgeci unsurlar ihanet etmiş, bazı ülkeler de görmezlikten gelmiş ve Birleşmiş Milletler Güvenlik Konseyi verdiği sözleri unutmuştur. Keşmirliler yıllardan beri baskıya ve zulme mâruz kalmışlardır. Self determinasyon bir topluluğun doğal hakkıdır. Hindistan Keşmirliler'in bu hakkını Ekim 1947'de kabul etmişti. Bu konuyla ilgili kurulan Birleşmiş Milletler Komisyonu Pakistan'la Hindistan arasında bağlantılar kurarak Cammû ve Keşmir halkının hangi ülkeye bağlanmak istediklerini tesbit için bir halk oylaması yaptıracaktı. Ancak Hindistan bu konuda sorumluluğunu yerine getirmemiş, halk oylaması yapılmasına imkân tanımamıştır. Pakistan'la Hindistan arasında yirmi sekiz yıldır ikili görüşmeler yapılmaktadır, fakat hiç ilerleme olmamış, iki hakemlikle 1969'da iki küçük toprak sorunu halledilmiştir. 1998'de iki taraf nükleer denemelerde bulundu. Birleşmiş Milletler Güvenlik Konseyi ise müdahale etti. Hindistan ve Pakistan 1999 Şubatında Keşmir problemini halletmek için gayretlerini yoğunlaştırmayı vaad ettiler."[53]

Her şey bağımsızlık için (3)

"Keşmir'le dayanışma günü", 5 Şubat günü İslâmâbâd'da, Cumhurbaşkanı Refik Tarar'ın konuşmasıyla başladı. Tarar şunları söyledi: "Bugün Pakistan'ın 130 milyon halkı, kahraman Keşmir halkının gayri meşrû işgale karşı sürdürdükleri haklı mücadelelerine verdikleri sarsılmaz desteği göstermek için Keşmir'le dayanışma gününü kutluyor. Hindistan, elli iki yıldan beri uluslararası yasalar çerçevesindeki sorumluluklarını, Cammû ve Keşmir halkına verdiği sözü ihlâl etmektedir. Hindistan, Birleşmiş Milletler Güvenlik Konseyi kararlarında yer alan 'self determinasyon' hakkını Keşmirliler'e vermemekte direniyor. Pakistan, Hindistan'ın Keşmirliler'in temel insan haklarını çiğnemesine derhal son vermesini istiyor. Birleşmiş Milletler Güvenlik Konseyi'nden de Keşmir halkına verdiği sözleri yerine getirmesini istiyoruz. Biz bugün Keşmir'in kendi geleceğini kendi belirleme hakkını desteklemeye devam edeceğimizi belirtiyoruz."

70.000 Ölü

Pakistan Dışişleri Bakanlığı, Keşmirliler'in 1947'den beri bağımsızlık mücadelelerinde 70.750 ölü verdiklerini belirtiyor. Binlerce Keşmirli de yaralandı ya da sakat kaldı.

Keşmir'de Türk İzleri

Dünyanın en yüksek sıradağları Himalayalar üzerinde yer alan Keşmir bölgesi, X. asra kadar Hindu racalar tarafından idare edilirdi. Bu tarihten itibaren müslüman Türkler racaların sarayına ücretli asker olarak girdiler. Güzel ahlâkları ile yerlilerin hürmet ve sevgisini kazandılar. Bunlardan Şah Mirza Svati, ahlâkı ve bilgisi ile kendisini kısa zamanda kabul ettirerek Hindu Raca Sinha Deva'ya vezir oldu. Bu görevine Raca Rincana zamanında da devam etti. Onun müslüman olmasına vesile oldu. Raca Adni Deva zamanında nüfuzunu daha da kuvvetlendirdi. Racanın ölümünden sonra yerine geçen karısı Kato ile evlenerek Keşmir tahtını ele geçirdi.

"Şemseddin" lakabını alan Şah Mirza, Keşmir'de bir İslâm devleti kurup adına hutbe okuttu (1339). Keşmir'de binlerce kişinin müslüman olmasına vesile oldu. 1349'da vefat edince oğlu Cemşid (1349-1350) Keşmir sultanı oldu.

Bu sülâlenin altıncı hükümdarı olan Sultan İskender (1393-1416) Timur Han'ın da bölgeye gelmesini fırsat bilerek Hindular'ın müslüman olmalarını teşvik edici tedbirler aldı. Keşmir nüfusunun çoğunluğu Müslümanlığı kabul etti. Bu yüzden İskender, "büt-şiken/put kıran" ünvanıyla anıldı. Ölünce yerine geçen oğlu Zeynelâbidîn, elli sene hükümdarlık yaptı. Zamanında Farsça ve Hintçe'ye tercümeler yapıldı.

Sultanlığın Sonu

Zeynelâbidîn'den sonra başa güçsüz hükümdarlar geçti. Karışıklıklar arttı. Hânedan mensupları arasında mücadeleler sırasında, kabile reisleri kendi başlarına hareket etmeye başladılar. Bunlardan Çak boyu reisleri nüfuz kazandılar. Hükümdarları nüfuzları altına aldılar. Hükümdarlardan Muhammed dört kez tahta çıktı: İlk saltanatı 1489-1490, ikinci saltanatı 1498-1499 yılları arasında, üçüncü saltanatı 1500-1526 (yirmi altı yıl hüküm sürdü), dördüncü saltanatı 1529-1533.

Bâbürlü Devleti şehzadelerinden Haydar Mirza, 1540'ta Keşmir'i zaptetti. Bâbürlüler'e bağlı olarak on yıl yönetti. Onun ölümünden sonra Çak reisleri yeniden nüfuz kazandılar (1561). Bâbürlüler, Ekber Şah zamanında Keşmir Sultanlığı'na son verdiler (1589).[54]

Parçalanmış ülke (4)

XIX. yüzyıla kadar Bâbürlüler'in elinde kalan Keşmir, 1840'ta İngiliz sömürgesi oldu. İngilizler, Keşmir'i 1846'da bir Hindu mihraceye para mukabili sattılar. 1947'de Pakistan ile Hindistan ayrılırken, Keşmir halkının çoğunluğunun iradesine bakılıyordu. Halkın %99'u müslüman olan Keşmir'in Pakistan'a bağlanması lâzımdı. Fakat Hindu raca, bir isyanı bahane ederek Hindistan'dan yardım istedi. Hint kuvvetleri de yardıma geldiler. Hindistan'ın bir şartı vardı; raca Keşmir'i Hindistan'a bırakan bir belge imzalayacaktı. Bu belge, uzmanlara göre asla imzalanmadı. Ortada dolaşan belgenin sahte olduğu sanılıyor.

İşte bu sahte belgeye dayanarak, 13 milyon müslümanı kendisine bağlamak isteyince, Hindistan'la Pakistan arasında savaş çıktı. Hindistan, 1948'de Birleşmiş Milletler Güvenlik Konseyi'ne müracaat etti, ateşkes ilân edildi. Birleşmiş Milletler bir halk oylaması yapılmasına karar verdi. 1947'de ayrıca Nehru, halk oylaması yapılmasına razı oldu. Ancak bu halk oylaması şu ana kadar yapılmadı. Buna karşılık Nehru, Cammû-Keşmir bölgesini, eyalet statüsü vererek Hindistan'a bağladı.

Barış için nafile turlar

Birleşmiş Milletler, ateşkesi kontrol için bir Pakistan Hindistan Komitesi'ni (UNCİP) kurdu. Bunun ilk başkanı olarak da bugünkü Amerika Birleşik Devletleri Dışişleri Bakanı Madeleine K. Albright'ın babası, Prof. Josef Korbel atandı. *Danger in Kashmir* (Keşmir'de Tehlike) adlı kitabı 1966 yılında Princeton Üniversitesi tarafından basılan Korbel, 4 Mart 1957'de Amerika Birleşik Devletleri'nde *New Leader* dergisine şunları yazıyordu: "Hindistan'ın bu yeni durumu, Keşmir problemini aşan sorunlar ortaya çıkarmaktadır. Zira eğer bir devlet, bir Birleşmiş Milletler taahhüdünü kabul ettikten sonra gamsız bir şekilde 'şartlar değişti, taahhüt artık beni bağlamıyor' diye iddia ederse, Birleşmiş Milletler'in etkinliği sersemletici bir darbe almış olur. Keşmir'de, uzak bir Asya eyaletinin kaderinden fazla bir şey tehlikededir. Birleşmiş Milletler'in bu sorunu çözüm şekli, Birleşmiş Milletler'in gelecekteki moral ve siyasî otoritesini ortaya koyacaktır".

Korbel şöyle devam ediyor: "Keşmir halkı apaçık bir şekilde seslerini duyurmak istediklerini belirtmişlerdir. Gelecek hakkında arzuları ne olursa olsun, doğrudan veya meşrû temsilcileri yolu ile tahkik edilmelidir. Cammû ve Keşmir Devleti'nin Hindistan'a bağlanması, devletler hukuku bakımından geçerli değildir. Olayın tarihçesi ihtilâfın yatışmadığını, bilhassa ağırlaştığını bize göstermektedir. Ne Pakistan ne Keşmir, statükoyu bir çözüm olarak kabul ederler. İkili müzakereler için de büyük ümitler beslenmemelidir. Birleşmiş Milletler, sadece barışı korumak ve zorla kabul ettirmek sorumluluğu olan için başlıca milletlerarası örgüt olmayıp, aynı zamanda Hindistan ve Pakistan tarafından ihtilâfa müdahale etmesi istenilen ve birçok kararla prestij ve otoritesini kesin bir surette bağlayan bir organdır."

Elli iki yıldır görevde

Birleşmiş Milletler'in Pakistan yönetimine bıraktığı Âzâd Keşmir ise bir cumhurbaşkanı, hükümeti ve meclisi olan ayrı ve bağımsız bir devlet olarak çalışmaktadır. Merkezi Muzafferâbâd'dır. Âzâd Keşmir Cumhurbaşkanı Serdar İbrâhim, 1948'den beri Keşmir'in başındadır.

Çin de işgal etti

Çin 1962'de, Ladak'ı Tibet'in bir parçası sayarak Keşmir'in doğusunu işgal etti. Böylece Keşmir, Hindistan ve Çin'in arasında kaldı. Çin işgal ettiği yerlerde egemenliğini kendi usulünce sağladı. Çin'in kontrolü altındaki topraklarda halen 1 milyon Keşmirli yaşamaktadır. Cammû-Keşmir eyaletindeki müslümanlar, 1970'te düzenledikleri bir kongre neticesinde Pakistan'a katılma kararı aldılar. Bunun üzerine Pakistan'la Hindistan arasında bir savaş daha çıktı, fakat netice alınmadı.

Dağların arasında

Pakistan için çok önemli olan akarsuların bir kısmı Keşmir topraklarından doğar. Keşmir'in yazlık başşehri durumunda olan Srinagar, Keşmir Vadisi'nde ve denizden 1768 m. yükseklikte kurulmuştur. Srinagar medrese, cami ve evliya türbeleriyle süslü bir İslâm merkezidir. Kışlık merkez Cammû ise daha güneyde yer almaktadır. Günümüzde, Pakistan'ın kontrolü altındaki Âzâd Keşmir'de 2 milyon, Hindistan'ın kontrolü altındaki topraklarda 6 milyon, Çin'in kontrolü altındaki topraklarda 1 milyon olmak üzere Keşmir bölgesinde toplam 9 milyon insan yaşamaktadır.[55]

Sınır ihlâlleri

Birleşmiş Milletler Askerî Gözlemciler Grubu (UNMOGIP), 1996-1999 arasında, Hindistan'ın Kontrol Hattı'nı 3388 kez ihlâl ettiğini bildirmiş. Bunu bize Kontrol Hattı Chacoti Sektör Komutanı Pakistanlı Tuğgeneral Halid

Nawaz açıkladı.

Hint ordusu, sivillere her türlü silâhla Kontrol Hattı'nın arkasından ateş etmektedir. Her yedi Cammû-Keşmirli için bir Hindistan askeri bölgede bulunmaktadır. Bu muazzam bir yığınaktır. Diğer taraftan bağımsızlık için mücadele eden örgütler, Keşmir'in bölünmesine karşı çıkmaktadırlar. Nitekim Al Badr Mücahidin lideri Amir Baht Zamin, "Keşmir'i bölme konusundaki her plan, Keşmir için canını vermiş binlerce şehide ihanet olacaktır" demiştir.[56]

Pakistanlılar, Keşmir konusunun halli için Amerika Birleşik Devletleri'nin müdahale etmesini, meselâ Mandela, Amerika Birleşik Devletleri eski başkanı Carter gibi önemli bir kişinin, Clinton tarafından bu iş için hakem tayin edilmesini istemektedirler.

Clinton'ın Çağrısı

Amerika Birleşik Devletleri başkanı, Keşmir meselesini milletlerarası hale sokmuştur. Hindistan bunu istememekte idi. Clinton "birliğin durumu" mesajında Kongre'ye, Keşmir meselesini "XXI. yüzyılda Amerika'nın halle çalışacağı ciddi bir sorun olarak" tasvir etti. Ocak ayının sonunda Davos'ta yapılan milletlerarası ekonomik konferansta da dünya liderlerini, Keşmir meselesini çözmek için Amerika Birleşik Devletleri'ne yardıma çağırdı.[57]

Elli sene içerisinde 70.000'den fazla insan Hint silâhlı kuvvetlerince öldürüldü, 100.000 kadına tecavüz edildi,

50.000 genç sakat kaldı, binlerce insan evsiz barksız bırakıldı ve evlerin binlercesi yakılıp yıkıldı. Eylül 1965'te ve Aralık 1971'de ikinci ve üçüncü Hint-Pakistan savaşı yapıldı. On yıldır hiçbir Keşmirli kuşak barışı görmeden, tecrübesini yaşamadan, barışı anlamadan büyüdü. Bugünün gençleri sokaklarda asker, köşebaşlarında kum torbaları olmadığı zamanları hatırlamamaktadır. Çocuklar sokaklarda ölüler görmekte, ana babalarını askerler itip kakmakta, devamlı silâh sesi duymaktadır. Şiddet ve kin atmosferi içinde büyüyen bu çocuklar çok önce akıllanıyorlar. Çocuklar istihsa ile "açlık ve fakirlik olmayan bir dünya da var herhalde" demektedirler.

Amerika Birleşik Devletleri'nin *Time* dergisi 12 Ekim'de hükümeti deviren General Pervez Müşerref'e, "Elli iki yıldır bir yere varılamadı, yeni bir yöntem gerekli değil mi?" sorusunu sorduklarında General Müşerref "Keşmir ana mesele. Her gün kontrol hattında ateş teatisi var. Keşmir'i bir kenara bırakın diyorsanız bu nasıl yapılır? Halk Keşmir'de ölürken ben gülerek mesut bir şekilde Hindistan liderlerine gidebilir miyim?" cevabını vermiştir. *Time* dergisi, "Silâhlı kuvvetler hükümette dâimî bir role sahip olacaklar mı?" sorusuna General Müşerref, "Onlar dâima bir rol oynadılar, zira Pakistan'daki yegâne istikrarlı müessese silâhlı kuvvetlerdir" diye cevap vermiştir.

Uluslararası Af Örgütü ve Asya Gözlemi dahil bütün büyük insan hakları kuruluşları periyodik raporlarında Hint silahlı kuvvetlerinin Keşmir'deki insan haklarını ihlâllerinden bahsetmişlerdir. Kısa bir süre önce Hindistan "Tüm Hindistan

Halk Direniş Forumu" adlı kuruluş Hindistan'ın işgalindeki Keşmir'e masum insanlara yapılan zulümleri aktarmaları için on iki kişilik bir grup gönderdi. Doğu Timor halkı dehşet içindeydi, Birleşmiş Milletler barış gücünün gelmesiyle rahat bir nefes aldı. Doğu Timor'daki Birleşmiş Milletler'in rolü dünyadaki yabancı boyunduruğu altındaki bütün halklar için ümit ışığı oldu.

Önde gelen Keşmirli liderlerin ve Tüm Partiler Hürriyet Konferansı Başkanı Mir Vaiz Faruk Keşmir ve Doğu Timor arasında benzerlikler olduğunu ifade etmiştir. Faruk, Doğu Timor'daki referandum gibi bir halk oylamasının Cammû ve Keşmir'de yapılması için âcilen harekete geçilmesini istedi.

Keşmir'de her yerde askerler var, Srinagar'da konuşlandırılan Hindu, 15. Kolordu vadinin güvenliğinden sorumlu. 14. Kolordu ise Çin'le sınır bölgesi olan Hadekh bölgesinde üslendirilmiştir. Keşmir'de aşağı yukarı 200.000 güvenlik kuvveti bulunmaktadır. Keşmirliler ve Hintli askerler birbiriyle konuşmamakta, birbirlerinden nefret etmektedirler.

Gönlümüz ve aklımız Pakistan ile Hindistan arasındaki Keşmir sorununun bir halk oylamasıyla bitirilmesinden yanadır. Bunu zorlayacak büyük devletler veya herhangi bir devlet tarihine bir şeref sayfası ekleyecektir. [58]

Dünya kamuoyuna tekrar açıklamak maksadıyla 4 Şubat 2000 günü İslâmâbâd'da "işgal altındaki Keşmir'de Hindistan devlet terörizmi" konulu bir milletlerarası seminer yapıldı. Bu amaçla bu konuda önemli yazar ve milletlerarası ilişkiler uzmanları Pakistan'a davet edildi. Bunlar arasında Amerika Birleşik Devletleri'den Robert Wirsing, Dr. Ghulam Nabi, Fai ve Yusuf Buch, İngiltere'den Victoria Scolfield ve Avukat Sayid Nâzir Gilani, İsviçre'den Gina Lewis, Bengladeş'ten Alemgir Muhiddin, Çin'den gazeteci Wang ve Profesör Goa, Endonezya'dan milletvekili Ahmed, Sri Lanka'dan yazar Hilmi ve Türkiye'den ben vardım. Seminerin açılış konuşmasını Pakistan cumhurbaşkanı yaptı. Seminer bir tam gün sürdü. Daha sonra seminere katılan delegelerle Keşmir'deki Muzafferâbâd'a gittik, iki gün sınır olaylarını yerinde inceledik. Keşmir Birleşmiş Milletler tarafından üçe ayrılmış, ikisi Hindistan'a, Âzâd Keşmir ise Pakistan'a bırakılmış. Hindistan, Cammû-Keşmir'i işgal etmiş ve burayı terörle yönetiyor. Pakistan da Âzâd Keşmir'in kendini idare etmesini sağlamış, burada Cumhurbaşkanı Serdar İbrahim, bir hükümet ve bir meclisi var.[59]

Sonuç

Elli üç yıldır bağımsızlığı için çalışan Keşmir'de dünya kamuoyunun ilgisini çekmek üzere her sene **5 Şubat**'ta "Keşmir'le dayanışma günü töreni yapılmaktadır. Dünyanın yirmi ülkesinden gelmiş milletvekili, profesör, gazeteci ve yazar, Hindistan'ın haksız olarak yıllardır elinde tuttuğu Keşmir'de Birleşmiş Milletler'in tavsiye ettiği gibi bir halk oylaması yapılmasını istemişlerdir. Bu referandum asla yapılamamıştır. Hindistan buna karşı çıkmaktadır. Hindistan, Keşmir'in kurtulmasının ülkesinin parçalanmasına yol açacağını, bazan bu ayrılmanın Hindistan'ın müslüman vatandaşlarını (sayıları 100 milyon) tehlikeye düşüreceğini, Keşmir'in ayrılmasının ülkesindeki fundamentalistleri kuvvetlendireceğini iddia etmektedir.[60]

Bugün dünyanın en uzun ve en eski halledilememiş meselesi olan Keşmir ihtilâfında artık dünya kamuoyu Keşmir'in haklı davasını anlamıştır. Fakat Keşmirliler'in direniş hareketine karşı Hindistan, Prof. Nezir Ahmet Shawl'ın dediği gibi hep "demir yumruk" politikası izlemiştir. Keşmirli mücahidleri yok etmeye yönelik başlatılan operasyondan bugünkü (ara ve imha et) hareketine kadar Hindistan hep silâha sarılmış ve direniş hareketini durdurmaya çalışmıştır. Hindistan direnişi kırmak için ağır silâhlı helikopterleri ve bombardıman uçaklarını kullanmaktadır. Oysa direniş gün geçtikçe güç kazanmakta ve Hindistan'ın militarist yaklaşımı bir sonuç vermemektedir. Bunu Hintli düşünürler de görmektedirler. Bir Hintli yazar olan Poonam Kaushik şunları yazmaktadır: "Hindistan'ın ciddi bir strateji belirlemesi gerekiyor. Hindistan artık yeni bir tutum ve yaklaşım içinde olmalıdır. Konsensüs aramaya yönelik isteksiz bir arayış cesur bir resmî girişim için yeterli değildir. Bu, pratik hesaplardan daha çok siyasal romantizmi gösteriyor."

Hindistan askerî çözümün yararlı olmadığını anlamalı, yeni milenyumda mevcut politikanın silâhlı direniş hareketlerine hız kazandıracağını bilmelidir. Bu, Hindistan'daki diğer ayrılıkçı hareketlere hız kazandırır mı? Oysa Keşmir'in konumu farklıdır ve Birleşmiş Milletler tarafından tartışmalı bir bölge olarak kabul edilmiştir. Büyük kültür, doğal güzellik ve sanat ülkesi Keşmir'e hakkı olan "self determinasyon" verilmelidir.

Hindistan, *Rajatarangi* yazarı Kalhana'nın 1148 yılında Keşmir'in İslâm kılıcı ile değil sevgi ve şefkatle fethedildiği şeklindeki şu ifadesini unutmamalıdır: "Keşmir silâhlı kuvvetler tarafından değil ancak mânevî değerlerle fethedilebilecek bir ülkedir. Keşmirliler ölümden korkmaz, onlar sadece âhiretten korkar."[61]

Simla Antlaşması
(2 Temmuz 1972)

Pakistan ve Hindistan hükümetleri bundan sonra öz kaynaklarını ve enerjilerini halklarının refahına sarfetmek için aralarındaki ilişkilere zarar veren çatışma ve sürtüşmelere son vermeyi, dostça ve uyumlu bir ilişki geliştirmeye çalışmayı ve alt kıtada kalıcı bir barışı tesis etmeyi kararlaştırmışlardır.

Hindistan ve Pakistan hükümetleri bu amaçları gerçekleştirmek için aşağıdaki hususlarda anlaşmışlardır:

1. Her iki ülke arasındaki ilişkilerde Birleşmiş Milletler Antlaşması'nın amaç ve ilkelerinin âmir olmasını,

2. Her iki ülke aralarındaki farklılıkları ikili görüşmeler veya her iki tarafın üzerinde anlaştığı diğer barışçıl yöntemlerle çözmeyi kararlaştırmışlardır. Sorunlar nihaî bir çözüme kavuşturuluncaya kadar taraflardan hiçbiri durumu tek taraflı olarak kendi lehine değiştirmeye kalkışmayacak ve taraflardan hiçbiri uyumlu ve barışçıl ilişkilere zarar verecek girişimleri organize etmeyecek, yardım sağlamayacak ve teşvik etmeyecektir.

3. Uzlaşma, iyi komşuluk ve kalıcı barışın devamının bir ön koşulu olarak her iki ülke de eşitlik ve karşılıklı yarar, barış içinde bir arada yaşama, diğer ülkenin toprak bütünlüğüne ve egemenliğine saygı gösterme ve diğerinin iç işlerine karışmama ilkesine bağlı kalmayı taahhüt etmektedirler.

4. İki ülke arasındaki ilişkilere yirmi beş yıldır zarar veren çatışmanın temel konu ve sebeplerini barışçıl yollarla çözmeyi kararlaştırmışlardır.

5. Taraflar her zaman birbirlerinin ulusal birliğine, toprak bütünlüğüne, bağımsızlığına, siyasal bağımsızlığına ve egemen eşitliğine saygı göstereceklerdir.

6. Taraflar Birleşmiş Milletler Antlaşması'na uygun olarak birbirlerinin toprak bütünlüğüne ve siyasal bağımsızlığına karşı tehdit veya güç kullanmaktan kaçınacak. İki ülke aralarındaki ilişkileri adım adım onarmak ve normalleştirmek için aşağıdaki konular üzerinde anlaşmışlardır:

A. İletişimin posta, telgraf, deniz, kara, sınır karakolları ve hava yoluyla sürdürülmesi için adımlar atılacak.

B. Diğer ülke vatandaşları için seyahat imkânlarını geliştirici uygun adımlar atılacak.

C. Ekonomik ve diğer alanlarda ticaret ve iş birliği mümkün olduğunca geliştirilecek.

D.Bilim ve kültür alanındaki değişimler geliştirilecek.

Ayrıca, bu bağlamda her iki ülkeden temsilciler gerekli detaylar üzerinde çalışmak için zaman zaman bir araya gelecekler.

Her iki ülke hükümetleri kalıcı bir barışı tesis edebilmeye yönelik süreci başlatmak için aşağıdaki konular üzerinde anlaşmışlardır:

a. Pakistan ve Hindistan güçleri uluslararası sınırın kendi taraflarına çekilecekler.

b. Cammû ve Keşmir'de 17 Aralık 1971 tarihli ateşkesin sonucu olan LoC'a herhangi bir tarafın tanınmış pozisyonuna zarar vermeden taraflarca saygı gösterilecek. Hiçbir taraf karşılıklı farklılıkları ve hukuksal yorumları öne sürerek onu (LoC) değiştirmeye kalkışmayacak. Her iki taraf da sınırı ihlâlde tehdit veya güç kullanmaktan kaçınacak.

c. Antlaşmanın yürürlüğe girmesiyle çekilme başlayacak ve otuz gün içinde tamamlanacak.

Her iki hükümet de hükümet başkanlarının gelecekte uygun bir tarihte tekrar bir araya gelmesi ve bu arada her iki hükümet temsilcilerinin, sivillerin ve savaş suçlularının iadesi ve diplomatik ilişkilerin devamı konuları da dahil kalıcı bir barışı tesis etmek ve ilişkileri normalleştirmek için yeni düzenlenmeleri tartışmak amacıyla bir araya gelmeleri konusunda anlaşmışlardır.

Zülfikâr Ali Bhutto	**Indira Gandhi**
Pakistan İslâm Cumhuriyeti Cumhurbaşkanı	Hindistan Cumhuriyeti Başbakanı

Simla, 2 Temmuz 1972

Dipnotlar

1 Zülfikar Ali Butto, The Myth of Indepence, Oxford University Press, Lahore- Karachi-Dacca, s.180

2 Nicholas Mansergh, Transfer of Power 1942-1947, V, XI, 1982, s. 67.

3 Türkkaya Ataöv, "Keşmir Meselesinin Önemi", AÜ Siyasal Bilgiler Fakültesi Dergisi, XV/1 (1960), s. 198-199.

4 C. H. Philips-Mary Dorean Wainwrighted. Partition of India, Policies and Perspectives 1935-1947, London 1970, s. 531.

5 Yılmaz Altuğ, "Keşmir İçin Yapılan Sahtekârlıklar-1-", Türkiye Gazetesi, 24 Temmuz 2000.

6 Nicholas Mansergh, a.g.e., XI, (1982), s. 717-718. Allan Campbell Johnson, Mission with Mountbatten, London 1951, s. 364-368.

7 Muhammed Yusuf Şeref, Kashmiris Fight for Freedom, Lahore, 1979, II, 711-712.

8 Altuğ, "Keşmir İçin Yapılan Sahtekârlıklar-2-", Türkiye Gazetesi, 31 Temmuz 2000

9 PII. Lakhanpal, Essential Documents and Notes on Kashmir, New Delhi 1965, s. 65.

10 Ataöv Türkkaya, "Keşmir Sorunu", Ankara 2002

11Durgas Das (ed.), Sardar Patel's Correspondence 1945-1950, Navajivan Publishing House, âlimed abad (India), I (1971), s. 40; Kashmir Documents, Goverment of Pakistan, Rawalpindi, n.d. s.1.

12 Durgas Das, a.g.e., s. 350-351.

13 Pandit Nehru's Statement in Indian Constituent Assembly , 5 March 1948.

14 Durga, a.g.e., s. 163.

15 Annexure 2 (Para 13) to the First Interrin Report of the United Nation Commission for India and Pakistan 22 September 1948.

16 Ataöv, "Keşmir Meselesinin Önemi", AÜSBFD, XV/1 (1960), s. 201-202.

17 Altuğ, "Devlet terörizm yapmamalı", Türkiye Gazetesi, 12 Şubat 2000.

18 Keşmir Meselesi, (haz.) Pakistan Sefareti Basın Ataşeliği, Ankara, İstanbul 1952, s. 11.

19 Durgas Das, a.g.e., s. 366-368.

20 Josef Korbel, Danger in Kashmir, Princeton 1954, s. 366-369.

21 Josef Korbel, a.g.e., s. 369-371.

22 I. McMahon, Robert, The Cold War on the Periphery, s. 60.

23 Reports on Kashmir, s. 33.

24 Josef Korbel, a.g.e., s. 371-374.

25 America - Pakistan Relations (Documents), (ed. K. Arif), Lahore 1981, II, 45-46.

26 Kashmir Documents, a.g.e., s. 25-27.

27 Sarvepalli Gopal, Jawaharlal Nehru, A Biography, London, III, 85.

28 Foreign Relations of the USA 1958-1960, a.g.e., s. 76-82.

29 Yousuf Bush, - Kashmir and the Big Powers - Fifty Years of the Kashmir Dispute, November 1998, I, 32.

30 Yousuf, a.g.e., s. 32.

31 Yousuf, a.g.e., s. 32

32 Foreign Relations of the USA 1958-1960. a.g.e., s. 160.

33 White Paper, the Kashmir Dispute of the Government of

Pakistan, January 1977, s. 61-65.

34 Yousuf, a.g.e., s. 35.

35 Yousuf, a.g.e., s. 36.

36 The New York Times, 19 Eylül 1965.

37 The New York Times, 8 Mart 1957.

38 Karan Singh, Kashmir Documents, s. 25-27

39 Foreign Relations of the USA 1958-1960, XV, s. 64-65.

40 Altuğ, "Dış Olaylar: Bir Çatışmanın Menşei", Türkiye Gazetesi, 12 Aralık 1971.

41 Altuğ," Keşmir ve Simla anlaşması", Türkiye Gazetesi, 22 Nisan 2000

42 Altuğ, "Keşmir", Türkiye Gazetesi, 28 Şubat 1998.

43 Altuğ, "Pakistan Hindistan Görüşmeleri",Türkiye Gazetesi, 10 Ekim 1997.

44 Altuğ, "Keşmir olaylarının içyüzü-3", Türkiye Gazetesi, 16 Haziran 1999.

45 Altuğ,"Keşmir Olaylarının İçyüzü-4", Türkiye Gazetesi, 17 Haziran 1999.

46 Altuğ,"Keşmir Olaylarının İçyüzü-5", Türkiye Gazetesi, 18 Haziran 1999.

47 Altuğ, "Yine Keşmir", Türkiye Gazetesi, 08 Ağustos 1998.

48 Altuğ, "Pakistan Hindistan Uzlaşması", Türkiye Gazetesi, 25 Şubat 1999.

49 Altuğ, "Keşmir Gerginliği" Türkiye Gazetesi, 05 Haziran 1999.

50 Altuğ, "Devrilen Başbakan Navaz Şerif'e Göre Keşmir Krizi", Türkiye Gazetesi, 16 Ekim 1999.

51 İhsanül Hak, "Keşmirliler Birleşmiş Milletler Barış Gücünü Bekliyorlar", 08 Ocak 2000.

52 Altuğ, "Pakistan 2000-1", Türkiye Gazetesi, 13.03.2000.

53 Altuğ, "Pakistan 2000-2", Türkiye Gazetesi, 14 Mart 2000.

54 Altuğ, "Pakistan 2000-3", Türkiye Gazetesi, 15 Mart 2000.

55 Altuğ, "Pakistan 2000-4", Türkiye Gazetesi, 16 Mart 2000.

56 The News, İslâmâbâd, 2. February 2000, s. 117.

57 Altuğ, "Pakistan 2000-6", Türkiye Gazetesi, 18 Mart 2000.

58 Altuğ, "Keşmir Sorunu Mutlaka Çözümlenmelidir", Türkiye Gazetesi, 29 Ocak 2000.

59 Altuğ, "Devlet Terörizm Yapmamalı", Türkiye Gazetesi, 12 Şubat 2000.

60 Mushtaq Ahmad, Want-Profile of the Kashmir Liberation Struggle - Fifty Years of Kashmir Dispute, November 1998, s. 81.

61 Altuğ,"Keşmir'le Dayanışma Günü", Türkiye Gazetesi, 05 Şubat 2001.

Bibliyografya

Ahmad, Mushtaq, Want-Profile of the Kashmir Liberation Struggle - Fifty Years of Kashmir Dispute, November 1998.

America - Pakistan Relations (Documents),(K. Arif, ed.), Vanguand Books Ltd., Lahore 1981, II, 45-46.

Arı, Tayyar, Global Politika ve Güney Asya: Keşmir Sorunu ve Nükleer Yarış, İstanbul 2000.

Ataöv, Türkkaya "Keşmir Meselesinin Önemi", AÜ Siyasal Bilgiler Fakültesi Dergisi, XV/1 (Ankara 1960), s. 195-214.

Bhutto, Zülfikâr Ali, The Myth of Indepence, Oxford University Press, Lahore-Karachi-Decca.

Bush, Yousuf, Kashmir and the Big Powers - Fifty Years of the Kashmir Dispute, November 1998.

Essential Documents and Notes on Kashmir, New Delhi 1965.

First Interim Report of the United Nation Commission for India and Pakistan, 22 September 1948.

Foreign Relations of the USA 1958-1960, XV.

Gopal, Sarvepalli, Jawaharlal Nehru, A Biography, London, III, 85.

Johnson, Allan Campbell, Mission with Mountbatten, London 1951.

Kashmir Documents, Goverment of Pakistan, Rawalpindi, n.d.

Keşmir Meselesi, Pakistan Sefareti Basın Ataşeliği Ankara, İstanbul 1952.

Korbel, Josef, Danger in Kashmir, Princeton 1954.

Pakistan Postası, 29 Şubat 2000.

Pandit Nehru's Statement in Indian Constituent Assembly, 5 March 1948.

Philips, C.H. - Wainwrighted, Mary Dorean Partition of India, Policies and Perspectives 1935-1/47, London 1970.

Reports on Kashmir, s. 33.

Robert, I. McMahon, The Cold War on the Periphery.

Sardar Patel's Correspondence, 1945-1950 (Durgas Das, ed.), Navajivan Publishing House, alimed abad - 14 (India), 1971, I, 40.

Singh, Karan, Kashmir Documents, s. 25-27.

Şeref, Muhammed Yusuf, Keshmiris Fight for Freedom, Lahore 1979.

The New York Times, 8 Mart 1957, 19 Eylül 1965.

The News, İslâmâbâd, 2 February 2000, s.117.

The Transfer of Power, 1942-1947 (Nicholas Mansergh ed.), 1982.

White Paper the Kashmir Dispute of the Government of Pakistan, Jannuary 1977.

Yılmaz Altuğ'un Türkiye Gazetesi'nin muhtelif sayılarındaki makaleleri (gazete tarihleri dipnotlarda gösterilmiştir).

TÜRKÇE KAYNAKLAR

Kitap ve Tezler:

Arı, Tayyar, Global Politika ve Güney Asya: Hindistan-Pakistan İlişkilerine Analitik Bir Yaklaşım, 1974-1994, Alfa Basım Yayım Dağıtım, İstanbul 1994, 174 s.

a.mlf., Global Politika ve Güney Asya: Keşmir Sorunu ve Nükleer Yarış, Alfa Basım Yayım Dağıtım, 2. bs. İstanbul 2000, 263 s.

Bhutto, Zülfikâr Ali, İkili İlişkiler Kavramı: Yeni Yönler, Pakistan

Büyükelçiliği Basın Kısmı, [Pakistan Başbakanı Zülfikâr Ali Bhutto'nun 30 Ekim 1976'da Rawalpindi'de kaleme aldığı makalenin tercümesidir].

Doğan, Süleyman, Keşmir'den Geliyorum: Zulüm, Gözyaşı, Kıyam Beldesi, Marifet Yayınları, İstanbul 1993, 95 s.

Keşmır ve Birleşmiş Milletler, Yeni Desen Matbaacılık, Ankara 1962, 23 s.

Keşmir Meselesi, Pakistan Sefareti Basın Ateşeliği Ankara, İstanbul 1952, 63 s.

Öztürk, Osman, 1947'den Günümüze Cammû ve Keşmir Sorunu, AÜ İlâhiyat Fakültesi İslâm Tarihi Ana Bilim Dalı, Lisans Tezi, 1995, 29y.

Uzun, İsmet, Marco Polo Seyahatnamesinin Bedehşah, Payas, Keşmir, Semerkant, Yarkent ve Hoten ile İlgili Kısımlarının Tahlili, İÜ Edebiyat Fakültesi Tarih Bölümü, Lisans Tezi, 1968, 56 y.

Makaleler:

Ataöv, Türkkaya, "Keşmir Meselesinin Önemi", Ankara Üniversitesi Siyasal Bilgiler Fakültesi Dergisi, XV/1 (Ankara 1960), s. 195-214.

Balcı, Aslan, "Cennet Vadisi Yanıyor", Yörünge, sy. 119 (İstanbul 1993), s. 17-25.

Cebecioğlu, Ethem, "Seyyid Ali Hemedânî'nin Keşmir'de İslâm'ı Yayma Faaliyetleri ve Siyasi Düşünceleri", Tanımı, Kaynakları ve Tesirleriyle Tasavvuf (haz. Coşkun Yılmaz), Seha Neşriyat, İstanbul 1991, s. 101-132.

Osmanoğlu, Mahmud, "Pakistan Dosyası: Unutulmaya Terk Edilen Cephemiz Keşmir", Dış Politika, sy. 5 (İstanbul 1989), s. 145-148.

a.mlf., "Pakistan Dosyası: Hür Keşmir Devlet Başkanı Serdar

Abdülkayyum ile", Dış Politika, sy. 5 (İstanbul 1989), s. 149-154.
Özcan, Mustafa, "Pakistan ile Hindistan Savaşıyor: Keşmir Ateş Altında", Yörünge, IX/431 (İstanbul 1999), s. 16-20.
Takur, Eyüb, "Keşmir Raporu" (trc. Mehmet Yalçıntaş), Dış Politika, sy. 9 (İstanbul 1990), s. 218-220.
Yaşar, İhsan, "Hint-Çin Kıskacında Bir İslâm Ülkesi Keşmir", Altınoluk, yıl. 8/sy. 89 (İstanbul 1993), s. 40-41.

Ansiklopedi Maddeleri:

"Cammû", Türk Ansiklopedisi, İstanbul 1970, IX, 283-287.
Dames, M. Longworth, "Keşmir", MEB. İslâm Asiklopedisi, İstanbul 1977, VI, 601-608.
"Keşmir", Büyük Larousse Sözlük ve Ansiklopedisi, İstanbul 1986, XI, 6664-6665.
"Keşmir", Meydan Larousse, İstanbul 1972, VII, 206-207.
"Keşmir ve Cammû", Meydan Larousse, İstanbul 1972, VII, 208.
"Keşmir", Yeni Rehber Ansiklopedisi, İstanbul 1993, XI, 363-364.
"Keşmir Sultanlığı", Yeni Rehber Ansiklopedisi, İstanbul 1993, XI, 364-365.
"Keşmir Meselesi", Türk Ansiklopedisi, Ankara 1974, XXI, 509-510.
"Keşmirliler", Müslüman Halklar Ansiklopedisi (ed. Richard V. Weeks), İnsan Yayınları, İstanbul 1991, II, 95-99.
Uslu, Recep, "Cammû", TDV İslâm Ansiklopedisi, İstanbul 1993, VII, 137-138.

KEŞMİR İLE İLGİLİ WEB SAYFALARI

www.pak.gov.pk
www.ummah.org.uk/kashmir/index.htm
www.kashmiris.org/kashmira.htm
www.savekashmirmo.../webmon12.htm
www.kashmiris.org/jkpl.htm
www.gharib.demon.co.uk
www.savekashmirmovement.org
www.holocaustinkashmir.50megs.com
www.kef.org.pk
www.heroes.net/reward.html
www.angelfire.com/bc/cotr
www.kashmirtimes.com
www.kashmirobserver.com
www.kashmir.dk
www.greaterkashmir.org
www.myasa.com/kashmirmonitor
www.armyinkashmir.org
www.kashmir-information.com
www.ummah.net/kashmir
www.kashmir.com
www.Cammûkashmirinfo.com
www.kashmir.org
www.kashmirwatch.org
www.pak.gov.pk/public/kashmir
www.members.tripod.com
www.Cammû-kashmir.org/KIN/

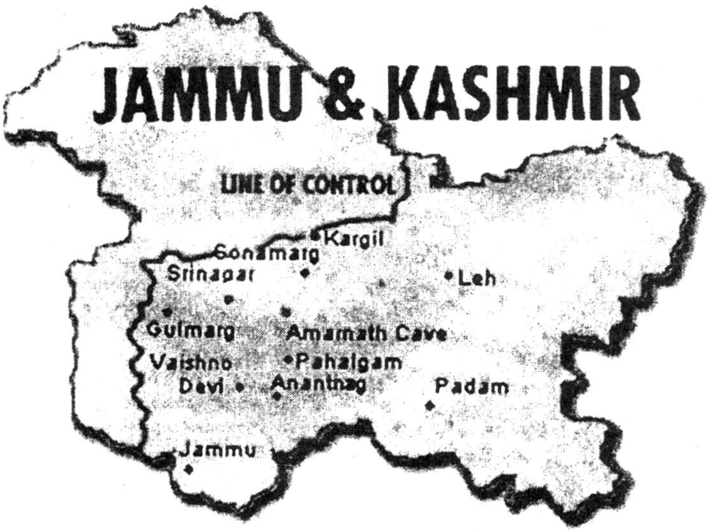

Cemmu - Keşmir